회사가 탐내는 인재의 조건
전략적 사고를 키우는 업무의 기술

지은이 | 하마구치 나오타 옮긴이 | 강민정
펴낸이 | 이재은 펴낸 곳 | 비즈니스세상
편집 | 조혜린, 송두나 디자인 | 황숙현
마케팅 | 이주은, 이은경, 박용
주소 | 서울시 마포구 서교동 444-16호 영진 빌딩
전화 | 02-338-2444 팩스 | 02-338-0902
E-mail | everybk@hanmail.net
Homepage | www.ieverybook.com www.세상모든책.kr
출판등록 | 1997.11.18. 제10-1151호
초판 1쇄 발행 | 2009년 7월 14일 초판 3쇄 발행 | 2010년 2월 5일

Copyright ⓒ 2009 세상모든책
이 책에 실린 글과 그림을 무단으로 복사, 복제, 배포하는 것은
저작권자의 권리를 침해하는 것입니다.
ISBN 978-89-5560-243-2 03320

 비즈니스세상은 세상모든책의 임프린트입니다.

잘못 만들어진 책은 바꾸어 드립니다.

ATARIMAE DAKEDO NAKANAKA DEKINAI SHIGOTO NO RULE
ⓒ NAOTA HAMAGUCHI 2005
Originally published in Japan in 2005 by ASUKA Publishing Inc.
Korean translation rights arranged through TOHAN CORPORATION, TOKYO
and EntersKorea Co., Ltd.

이 책의 한국어판 저작권은 (주)엔터스코리아를 통해 저작권자와 독점 계약한 세상모든책에 있습니다.
신 저작권법에 의하여 한국 내에서 보호를 받는 저작물이므로 무단전재와 무단복제를 금합니다.

회사가 탐내는 인재의 조건

전략적 사고를 키우는
업무의 기술

하마구치 나오타 지음 | 강민정 옮김

비즈니스
세상

미국, 일본, 중국 할 것 없이
일 잘하는 사람일수록
목소리가 크다!

복잡한 기술 따위는 필요 없다.

이 것 만 잘 하 면
업무는 식은 죽 먹기!

일 잘하는 사람이 **왜**
일을 잘하는지 알 수 있는 책

머리말

"이런 것도 모르나!"
"왜 일을 이런 식으로 처리했나!"

상식을 벗어나도 너무 벗어난 부하 직원의 행동에 실망과 분노를 감추지 못하고 소리를 질러대는 상사.

"……." "저기……, 어떤 부분이?" "죄송합니다……."

왜 자신의 행동이 문제가 됐는지 영문을 모른 채, 그저 납득이 안 된다는 듯 입을 다물어버리는 부하 직원.

바로 이러한 상황이 이 책을 쓴 계기가 되었다.

경영 컨설턴트라는 직업상 수많은 기업 현장에 나가 있는 동안, 매일 이와 같은 상황에 직면한다.

자신과는 상관없는 일이라고 안심할 게 아니다. 사장 출신 그리고 사장이 되기 위한 훈련의 일환으로 근무 중인 미래의 사장으로 구성되어 있는 우리 회사(국제 경영·벤처 컨설팅 회사)에서도 얼마 전까지 같은 일이 종종 벌어졌으니 말이다.

'응? 나도 저랬나? 내가 신입이었을 때는 좀 더 빠릿빠릿했던 것 같은데…….'

자신도 모르는 사이에 신입 사원 시절을 되돌아보게 된다.

당신도 상사로서 또는 부하 직원으로서 매일매일 비슷한 상황에 직면하고 있시는 않은가?

왜 이런 일이 일어나는 것일까? 그것은 세상에 존재하는 아주 당연한 업무의 기술을 너무 모르고 있거나, 알고는 있지만 지키지 않기 때문이다.

나는 어린 시절부터 공부를 잘한 적이 거의 없었다(절대 거짓말이 아니다). 그러나 사회에 나가서 직장 생활을 시작한 후로는 공부를 못한 만큼 나름대로 빠릿빠릿하게 행동하려고 고민하고 노력해왔다. 그렇지 않으면 회사에서 잘리거나 아무도 일을 주지 않기 때문이다.

국내외에서 20년 넘게 일하며 얻은 경험을 바탕으로 작성한 100가지 업무 기술은 모든 나라에서 통하는 기술이자 상식이다. 반대로 이 책에서 소개하는 기술을 지키지 않는 사람은 직장에서 문제아로 취급될 가능성이 높다. 아무쪼록 이 기술들을 지킬 수 있도록 노력하기 바란다. 주위의 평가가 분명히 좋아질 것이다.

하마구치 나오타

목차 | **업무의 기술**
100가지 기술을 체득하고 나면, 일할 때 더는 두려움을 느끼지 않아도 된다.

머리말 · 10

목차 · 12

01	적절한 타이밍에 질문하라	18
02	'할 수 없다', '불가능하다', '무리'라는 말은 금물	20
03	상대방의 눈을 보고 큰 소리로 인사하라	22
04	출퇴근 시, 모두에게 큰 소리로 인사하라	24
05	손님에게는 큰 소리로 정중하게 인사하고 성의 있게 대하라	26
06	상대방에게 불쾌감을 주지 않도록 태도와 복장에 주의하라	28
07	항상 명함을 가지고 다녀라	30
08	가끔은 '노미니케이션'을 통해 마음을 터놓아라	32
09	감사의 마음은 이메일보다 편지로 전하라	34
10	회사의 경비를 아껴라	36
11	다 쓴 물건은 쌓아놓지 말고 그때그때 버려라	38
12	아이디어가 떠오르면 즉시 메모하라	40

13	주변 사람들에게 끊임없이 질문하라	42
14	일단 시도하라	44
15	이미지를 관리하라	46
16	제품과 서비스가 아니라 자신을 판매하라	48
17	직장에서 어리광 부리지 마라	50
18	항상 회사에 도움이 되는지 생각하며 행동하라	52
19	모르는 것이 있으면 즉시 질문하라	54
20	고유 명사를 멋대로 줄여서 말하지 마라	56
21	Give & Give & Give	58
22	항상 주변 사람들에게 감사하는 마음을 표현하라	60
23	끊임없이 격려하라	62
24	주변 사람들의 장점을 배워라	64
25	남들이 싫어하는 일일수록 앞장서서 하라	66
26	바른 자세로 앉아라	68
27	직장은 인생 대학이다	70
28	어떤 일이 있어도 싫은 기색을 보이지 마라	72
29	마음을 설레게 만드는 일을 찾아라	74
30	리더가 되어라	76
31	매일매일 좌절하라	78

업무의 기술
100가지 기술을 체득하고 나면, 일할 때 더는 두려움을 느끼지 않아도 된다.

32	독서를 통해 지혜와 행운을 불러라	80
33	돈을 좇아가면 돈 때문에 망한다	82
34	어떤 상황에서도 변명하지 마라	84
35	한 번 지적받은 일은 두 번 다시 지적받지 않도록 하라	86
36	약속 시간보다 5분 먼저 도착하라	88
37	다른 사람의 고민을 들어라	90
38	매일매일 5분씩 외국어 공부를 하라	92
39	말하기 전에 한 번 더 생각하라	94
40	세미나와 이벤트가 있으면 전부 참석하라	96
41	매일 아침 경제 신문을 읽어라	98
42	항상 긍정적인 농담을 하라	100
43	부탁받은 일은 즉시 처리하라	102
44	말보다는 행동과 결과를 믿어라	104
45	누구에게나 공평하게 대하라	106
46	부하 직원을 도와줘라	108
47	항상 미소를 지어라	110
48	정기적으로 기획서나 제안서를 상사에게 제출하라	112
49	한 번 얻어먹으면 다음에는 당신이 사라	114
50	메모광이 되어라	116

51	자연스럽게 발돋움하라	118
52	프로 의식을 가지고 일하라	120
53	누가 시키기 전에 스스로 찾아서 일하라	122
54	다른 사람이 바뀌기를 바란다면 먼저 스스로를 바꿔라	124
55	먼저 상대방의 의견을 들어라	126
56	만나고 싶은 사람은 모두 만나라	128
57	핵심만 간다히 말하라	130
58	정리 정돈부터 하라	132
59	무엇을 위한 업무인지 생각하라	134
60	긍정적으로 살아가는 사람들과 인맥을 넓혀라	136
61	전화 응대력을 높여라	138
62	전화를 받지 못하는 상황에는 '고객을 만나는 중'이라고 전하라	140
63	즐겁게 일하는 자신만의 방법을 찾아라	142
64	어떤 일이든지 성실하게 하라	144
65	선배를 존경하라	146
66	매일매일 To Do List를 작성하라	148
67	다른 사람과 비교하지 마라	150
68	결단은 신속하게 내려라	152
69	공공장소에서 휴대폰을 사용하지 마라	154

업무의 기술
100가지 기술을 체득하고 나면, 일할 때 더는 두려움을 느끼지 않아도 된다.

70	마감과 약속은 반드시 지켜라	156
71	감동받은 이야기를 하라	158
72	꿈을 가져라	160
73	답변은 그날 중으로 하라	162
74	만남을 소중히 하라	164
75	경제력보다 신용을 중시하라	166
76	위기를 기회로 바꿔라	168
77	읽고 싶은 책은 닥치는 대로 읽어라	170
78	그때그때 서류 정리를 하라	172
79	복사를 할 때도 누가 무엇을 위해서 사용할지 생각하라	174
80	벤처형 인간을 지향하라	176
81	매일매일 작은 성공 경험을 쌓아라	178
82	우선 눈앞에 있는 업무에 최선을 다하라	180
83	질문하기 전에 자신의 해답을 제시하라	182
84	일 잘하는 사람의 언동을 배워라	184
85	전화로는 핵심만 간단히 말하라	186
86	회의의 흐름을 끊는 얘기나 질문은 하지 마라	188
87	회의 중에 서류를 건네받았다면 먼저 상사에게 보여라	190
88	최선을 다하고, 결과는 있는 그대로 받아들여라	192

89	업무 일지를 반성의 기회로 삼아라	194
90	결론부터 말하라	196
91	실수를 겸허하게 인정하라	198
92	생각이 막히면 글로 써서 정리하라	200
93	다른 사람을 비판할 시간이 있으면 먼저 자신을 갈고닦아라	202
94	의견과 제안에 반대할 때는 명확한 이유와 대안을 제시하라	204
95	피곤하면 무리하지 말고 쉬어라	206
96	업무 지시는 구체적으로 하라	208
97	팀명으로 팩스가 도착한 경우에는 전원에게 복사해서 건네라	210
98	업무는 마감 시간을 계산해서 척척 진행하라	212
99	업무 시간이나 회의 중에는 휴대폰을 매너모드로 설정하라	214
100	회의 시간은 상사보다 먼저 가서 기다려라	216

01 :: 전략적 사고를 키우는 **업무의 기술**

적절한 타이밍에 질문하라

"아……, 큰일 났다! 상무님이 기다리실 텐데……."

"과장님, 다녀오셨습니까! 얼마 전에 제출한 제안서 말인데요. 2페이지 내용 중에 잘못된 부분이 있어서……."

"어이, 자네! 지금 상무님께서 삼십 분 넘게 기다리고 계신다는 걸 모르나? 그런 일로 시간 좀 잡아먹지 말라고!"

의욕에 넘친 나머지, 상황도 고려하지 않고 사무실로 들어서는 상사에게 일방적으로 질문하니 상사가 화를 내는 게 당연하다.

상사는 보통 부하 직원이 모르는 업무와 책임을 많이 떠안고 있다. 그러한 일에는 정해진 기일이 있어, 하루하루 부하 직원의 몇 배나 되는 부담과 스트레스를 느낀다. 그래서 눈치 없는 부하 직원과 대화하는 것은 물론 얼굴을 보는 것조차 싫어진다.

반대로 눈치 빠른 부하 직원은 참으로 고마운 존재이다. 내가 일본에서 대학을 졸업하고 세계적인 국제 회계·경영 컨설팅 회사의 뉴욕 본사에 입사했을 때, 선배들은 귀에 못이 박히도록 다음과 같은 말을 되풀이했다.

"상사에게 질문할 때는 항상 타이밍을 생각해야 돼. 적절하지 않은 타이밍에 질문하면, 업무에 방해가 되는 것은 물론 너에 대한 평가도 낮아지고 결국 미움을 받게 될 테니까 말이야."

그 후 나는 상사뿐만 아니라 선배나 동료에 대해서도 지금 무엇을 하고 있는지, 또한 무엇을 하려고 하는지 확인하고 나서 질문을 하기 시작했다.

이렇게 작은 배려가 몸에 밴 덕분에, 직장 내 인간관계가 이전과는 달리 매우 원활해졌다. 처음부터 확실하게 충고해준 선배 덕분이다.

그런데 요즘은 이러한 부분을 확실하게 지적해주는 선배나 상사가 많지 않다. 왜 지적하지 않느냐고 물었더니, 주의를 줘도 알아듣지 못하거나 고치지 않기 때문에 괜히 힘 빼기 싫다는 것이다. 또 긁어 부스럼 만들기 싫다는 사람도 있다.

상사나 선배의 말에 귀를 기울이지 않으면, 언젠가 반드시 후회할 날이 올 것이다!

02 ::전략적 사고를 키우는 **업무의 기술**

'할 수 없다', '불가능하다', '무리' 라는 말은 금물

입사한 지 반년이 지난 신입 사원에게 상사가 말했다.

"노무라, 이거 새로운 기획인데 한번 해볼 텐가?"

"팀장님, 죄송하지만 할 수 없습니다! 일개 신입 사원인 제가 할 수 있을 리 없지 않습니까."

또 다른 상황.

"오카모토! 며칠 전에 맡겼던 제안서 말인데, 급하게 필요하니까 오늘 중으로 제출해주겠나?"

"저, 불가능합니다. 처음에 다음 주까지 제출하면 된다고 하지 않으셨습니까? 조사하는 데만 사흘은 걸리는데……."

이런 상황도 있다.

"니시아마, 모레 있을 프레젠테이션 말인데, 자네가 해보지 않겠나? 처음인 줄은 알지만, 좋은 경험이 될 테니까 한번 해보게!"

"무리입니다! 저는 말도 잘 못하고, 이렇게 갑자기……. 중요한 고객 앞에서 실수했다가 회사에 피해라도 가게 되면……. 도저히 못하겠습니다."

이렇게 말하는 사원이 당신 주위에 있다면, 한심하다는 생각이 들지 않겠는가?

발전하는 사람, 성과를 올리는 사람은 무슨 일이든지 일단 도전하기 마련이다. '할 수 없다', '불가능하다', '무리'라는 말은 결코 하지 않는다. 그리고 도전에 실패했을 때 비로소 조언과 도움을 요청한다.

아주 간단한 업무를 제외하고, 도전 없이 할 수 있는 일은 없다. 또한 처음부터 할 수 있다고 생각되는 업무는, 얻는 것이 없을 것이다. 시시한 업무에서 배우는 것은 요령을 피우며 대충대충 일하는 방법뿐이다. 결국 인간으로서 발전도 없다.

주변에도 할 수 있는 일만 하는 사람이 있을 것이다. 과연 그 사람은 성장하고 있는가?

자청해서라도 어려운 업무에 도전하라.

아니, 최소한 지시받은 업무만큼은 무슨 일이 있어도 받아들여라. 일단 시작하면 뜻밖에 쉽게 풀릴지도 모른다!

03 :: 전략적 사고를 키우는 **업무의 기술**

상대방의 눈을 보고
큰 소리로 인사하라

'어라? 인사도 안 하고 휙 가버리네! 건방진 녀석!'

'응? 인사도 안 하네! 무슨 일 있나……'

누구나 이런 경험이 있을 것이다.

인사는 커뮤니케이션의 하나로, 상대방의 존재를 인식하고 받아들이며 존중하는 중요한 행위이다.

만약 당신이 인사를 하지 않으면, 상대방은 최소한 세 가지를 생각할 것이다. 첫 번째는 상대방이 자신을 싫어하기 때문에 가급적 커뮤니케이션을 피하려 한다. 두 번째는 인사를 못할 만큼 기분이 좋지 않다. 세 번째는 인사를 중요하게 생각하지 않는다.

어느 쪽이든 상대방은 매우 불쾌한 기분이 든다. 상대방이 회사의 상사, 동료, 부하 직원, 나아가 고객인 경우에는 어떻게 될까? 어떤 이유로든 인사를 하지 않으면, 상대방은 당신에 대해 '기본적인 매너조차 갖추지 못한 무례한 사람', '기본적인 커뮤니케이션조차 할 수 없는 비협조적인 사람'이라고 생각할 것이다.

결국 당신은 상대방에게 불쾌함을 주는 존재가 되는 것이다. 업무에서 아무리 뛰어난 능력을 발휘해도, 인사를 잘하지 않으면 인간적으로 좋은 평가를 받지 못한다.

그러므로 나에게 호의를 느끼는 사람, 내 편을 많이 만드는 것이 중요하다. 일단 직장 생활을 시작하면, 평소에는 마음이 통하지 않는 사람과도 자주 접하게 된다. 인사는 순간적인 행위지만, 상대방과 마음을 통하게 하는 최대의 기회인 동시에 상대방과 거리감을 좁히는 가장 효과적인 커뮤니케이션 수단이다. 인사를 해서 상대방을 기분 좋게 하면, 상대방도 당신을 기분 좋게 해줄 것이다.

이차피 인사를 할 거라면, 효과적으로 하라. *가장 바람직한 인사법은 상대방의 눈을 보고 큰 소리로 하는 것이다.* 이러한 인사는 형식적인 인사와 달리, 마음이 담겨 있지 않으면 할 수 없다. 또 용기와 노력, 에너지가 필요하다. 한편, 상대방은 자신도 모르는 사이에 당신의 행위를 좋게 생각하고 높게 평가할 것이다. *당신이 인사하는 순간, 상대방은 당신의 팬이 될지도 모른다.*

04 :: 전략적 사고를 키우는 **업무의 기술**

출퇴근 시, 모두에게 큰 소리로 인사하라

다음은 퇴근할 때 종종 볼 수 있는 광경이다.

"이번에 새로 입사한 야마모토는 어디 있나? 조금 전까지 여기 앉아 있었는데……. 벌써 퇴근한 건가? 인사 한마디 없이……."

"아! 겨우 (전화) 연결됐다! 어이, 야마모토! 자네, (상사에게) 인사도 안 하고 언제 퇴근한 거야?"

이는 신입 사원에게만 해당하는 일이 아니다. 오랫동안 근무한 사원 중에도 종종 이런 실수를 하는 사람이 있다.

"오늘 중으로 끝내라고 하셨는데, 주임님이 갑자기 자리를 비우셔서……. 모르는 부분이 몇 가지 있는데, 물어볼 사람이 없어서 난감합니다. 휴대폰도 안 받으시고……. 과장님! 어떡하죠?"

이런 일은 퇴근할 때뿐만 아니라 출근할 때도 종종 발생한다.

"사토는 오늘 지각인가? 연락도 없고 말이야."

"벌써 출근했는데요. 아마 지금 화장실에 있을 텐데……."

"뭐! 이거, 큰일인데……. 곧 손님이 오셔서 조례를 빨리 끝내려고 했는데……. 출근하면 인사 정도는 해야 하는 것 아닌가?"

　성실하고 친절한 언동은 조직에서 높이 평가되는 기본적인 요소인 동시에 가장 중요한 요소이다. 위의 예는 사람이 얼마만큼 제멋대로 행동할 수 있는지를 보여준다. 이는 마치 "나는 하고 싶은 대로 행동할 뿐 주변 사람들은 어찌 되든 상관없다!"라고 말하는 것과 같다. 평가받기는커녕 조직에서 문제아로 취급되는 것은 시간문제이다.

　또한 인사만 한다고 되는 것도 아니다. 성실한 마음이 중요하다. 조금이라도 '조직에 도움이 되고 싶다', '팀의 일원으로 인정받고 싶다'는 의욕과 봉사 정신이 있다면, 우물쭈물하지 말고 출퇴근 시, 큰 소리로 밝게 인사하라. 주변 사람들이 당신을 다시 보게 될 것이다!

　얼마 전, 대형 금융 기관의 사장이 이런 얘기를 들려주었다. 젊고 활발한 여사원이 사내에서 유명할 정도로 분위기가 어두운 부서에 배속되었는데, 그 부서가 눈 깜짝할 사이에 사내에서 손꼽힐 정도로 밝은 부서가 되어서 감탄했다는 것이다.

　어떤 회사에서든지 발전하는 사원은 예외 없이 출퇴근 시, 모두에게 큰 소리로 인사를 한다.

05 ::전략적 사고를 키우는 **업무의 기술**

손님에게는 큰 소리로
정중하게 인사하고 성의 있게 대하라

너무 당연해서 입이 아플 정도다. 그러나 놀랍게도 많은 사람이 단순히 이론으로만 받아들여 의무적, 사무적으로 행동한다. 가장 중요한 마음이 담겨 있지 않다.

내가 미국에서 경영 컨설팅 회사를 경영하던 무렵, '고객이 물건을 구입할 때 가장 고려하는 부분은 무엇인가?'에 대해 설문 조사를 한 적이 있다.

1위는 '손님에게 큰 소리로 정중하게 인사하고 성의 있게 대하는 것'이었다. 제품과 서비스에 관한 전문 지식도 아니고 제품력도 아니었다.

이것은 어떻게 보면 당연한 결과이다. 예를 들어 집 근처에 편의점이 몇 군데 있다면, 누구나 당연히 큰 소리로 정중하게 인사하고 성의 있게 대하는 점원이 있는 곳으로 갈 것이다.

흥미롭게도 이 기술은 기본적인 매너이기 때문에 나이가 어리거나 이 기술을 배우지 않았다고 해도 센스 있는 사람은 자연스럽게 몸에 배어 있다. 그런 사람은 원래 상대방을 배려하길 좋아하고, 상대방이 행복하면 자신도 행복하다.

　그러나 안타깝게도 그런 사람은 많지 않다. 그렇기 때문에 주변 사람들이 가르쳐주거나 스스로 배울 수밖에 없다.

　미국의 국제 회계·경영 컨설팅 회사에 근무하던 무렵, '접객(손님을 접대함)의 달인'이라고 불리는 상사가 있었다. 그는 당시 마흔밖에 되지 않았지만, 그가 나서면 좀처럼 상대해주지 않던 회사까지도 한 방에 클라이언트(고문을 맡은 기업)가 되곤 했다. 나는 그의 영업 노하우를 전수받으려고 그가 영업을 나갈 때마다 가방을 들고 따라다녔다.

　그에게 있어 클라이언트 후보는 '첫눈에 반한 애인 후보'와 같다고 했다. 애인으로 만들려면 상대방을 기쁘게 하고 자신을 좋아하게 해야 하는데, 이는 어떤 회사를 클라이언트로 만들 때도 마찬가지이다. 그리고 그렇게 만들기 위해 자신이 할 수 있는 일을 모두 하는 것이다. 그 중에서 가장 중요한 것은 큰 소리로 인사하는 것과 피곤한 기색 없이 항상 성의 있게 대하는 것이다.

　비즈니스에서 가장 강한 사람은 고객이 좋아하는 사람, 고객을 자신의 편으로 만드는 사람이다!

06 :: 전략적 사고를 키우는 **업무의 기술**

상대방에게 불쾌감을 주지 않도록
태도와 복장에 주의하라

비즈니스의 세계에서 첫인상만큼 중요한 것도 없다. 상대방이 굉장히 바쁜 사람일수록 첫인상의 중요성은 더욱 커진다. 두 번 다시 만나지 못하는 일도 적지 않다. 대부분의 승부는 처음 만난 순간에 결정된다.

그런 가운데 첫인상으로 모든 것이 결정되는 일도 종종 있다. 사람의 내면은 쉽게 바뀔 수 없지만, 태도와 복장은 얼마든지 연출이 가능하기 때문에 적어도 이 부분만큼은 상대방에게 좋은 인상을 줄 수 있도록 노력해야 한다.

저명인사같이 바쁜 사람들은 대부분 첫인상으로 상대방을 판단한다. 무의식중에 그 사람과 관계를 유지할지를 결정한다.

아무리 젊고 대단한 사람이라도 태도나 복장 때문에 상대방이 불쾌감을 느끼면, 더는 그 사람을 상대하지 않을 것이다. 소중한 만남에서는 자기중심적인 태도나 복장을 피하고 가능한 한 좋은 인상을 주도록 노력하라. 이것이 상대방에게 존중하는 마음을 표현하는 기본적인 매너이다.

젊은 사람 중에는 때때로 자신을 어필하려고 독특한 복장으로 나타나는 경우가 있다. 연예인처럼 특수한 직업을 가진 사람이 어쩌다가 촬영 현장에서 바로 온 경우가 아니라면, 가급적 상대방이 거부감을 갖지 않고 편안하게 대할 수 있는 태도와 복장을 갖추도록 하라.

또한 매일 출근하는 직장에서도 주변 사람들이 불쾌감을 느낄만한 태도와 복장은 피해야 한다. 그렇지 않으면 당신에 대한 평가는 낮아질 것이다. 경우에 따라서는 따돌림을 당하기도 하고, 본인이 없는 자리에서 비난을 당하거나 웃음거리가 되기도 한다.

'흐트러진 복장은 곧 흐트러진 마음가짐'. 무척 공감이 가는 말이다. 자신의 태도나 복장이 주변 사람들에게 불쾌감을 주고 있지는 않은지 걱정된다면, 솔직하게 물어보는 게 어떨까? 미국에 있을 때도 초미니 스커트를 입고 출근하던 비서, 구깃구깃한 양복을 입고 근무하던 신입사원, 목욕도 안 하는지 심한 악취를 풍기던 상사 등 대부분이 사람들에게 미움을 받았다. 아주 작은 배려가 큰 변화를 가져올 것이다.

07 ::전략적 사고를 키우는 **업무의 기술**

항상 명함을 가지고 다녀라

"아! 명함을 깜빡했네······."

최근 들어 이런 말을 하는 젊은 사원이 많아졌다.

내가 신입 사원이었을 때는 종종 이런 일로 상사에게 엄격한 주의를 받았다.

"영업하는 사람에게 명함은 목숨과도 같다! 무사에게 칼이 없으면 어떻게 되겠나! 자신은 미처 명함을 챙기지 못했는데 상대방은 갖고 있다면, 승부는 이미 끝난 것이나 다름없다!"

그래서 나는 무슨 일이 있어도 명함만큼은 항상 체크하면서 꼭 가지고 다녔다.

그런데 요즘은 명함을 깜빡하는 사원이 너무나도 많다! 놀랍게도 명함을 깜빡한 주제에 아무렇지도 않게 손윗사람의 명함을 받아든다. 내가 신입 사원일 때는 이런 상황에 닥치면 창피해하거나 한심하다며 자신을 탓하곤 했지만, 요즘 사원들은 주눅이 든 기색도 없이 '깜빡했네. 아침부터 정신없이 일하다 보면 그럴 수도 있지.' 하고 만다.

얼마 전에도 어떤 회사의 영업부 신입 사원이 명함도 없이 고객을 만나러 갔다는 이유로 상사에게 야단을 맞고 있었다.

"자네 말이야! 영업 사원이 명함을 잊어버렸다는 게 말이 되나! 고객에게 사과드리게! 회사에 돌아가자마자 조금 전에 만난 고객에게 자네의 명함을 보내게! 알겠나!"

엄격한 상사 덕분에 나는 신입 사원 시절, 단 한 번도 명함을 잊어버린 적이 없었다. 그래서인지 툭 하면 명함을 잊어버리는 사원들을 보면 이해할 수가 없다.

어떤 이유에서든지 자신이 명함을 건넸는데 상대방의 명함을 받지 못하면 분위기가 썰렁해지기 마련이다. 명함을 받지 못하면 왠지 관계를 거부당한 느낌이 든다.

최근에는 "마침 명함이 딱 떨어졌네요."라고 당당하게 말하는 나이 든 사람도 많다. 비록 나쁜 뜻은 없어도 상대방은 '관계를 유지할 생각이 없으니까 명함을 주지 않는군.'이라고 생각할 수 있다는 것조차 모를 정도로 배려가 없는 사람들이다.

08 ∷ 전략적 사고를 키우는 **업무의 기술**

가끔은 '노미니케이션'을 통해 마음을 터놓아라

"모두, 주목! 오늘은 이쯤에서 슬슬 마무리하고, 한잔하러 갈까?"

"과장님, 저는 오늘 좀 곤란한데요……."

"왜? 무슨 일이라도 있나?"

"그게……."

"간만에 다들 모여 있는데, 잠깐 정도는 괜찮잖나!"

"선약이 있어서……."

회사에서 이런 대화를 들은 적이 있을 것이다.

요즘 젊은 사원들은 퇴근 후 상사나 선배와 밥을 먹으러 가거나 술을 마시러 가는 것을 좋아하지 않는다. 그보다는 외국어 학원이나 데이트, 취미 활동 등 업무에서 받은 스트레스를 푸는 데 시간을 보내고 싶어 한다. '업무는 근무 시간 내에, 나머지는 개인적인 시간'이라는 생각이 확실하게 박혀 있는 것이다.

다음 날을 위해 재충전한다는 의미에서 퇴근 후 개인적인 시간을 보내고 싶은 마음은 이해한다. 이는 결코 잘못된 생각이 아니다.

그러나 근무 시간 중에는 정신이 없어서 상사나 선배에게 미처 하지 못한 질문이나 마음을 터놓고 하고 싶었던 이야기가 분명히 있을 것이다. 때문에 밥을 먹거나 술을 마시는 등 서로 긴장을 푼 상태에서 마음을 터놓는 자리를 마련하는 사람과 그렇지 않은 사람은 업무에서도 큰 차이를 보인다. 또한 그런 자리를 마련해준 사람에게 먼저 감사하는 마음을 가져라! 실제로 이렇게 작은 배려가 승자와 패자를 가르는 결정적인 요인이 된다.

진지한 자세로 업무에 매진하는 사람일수록 인간관계를 소중히 생각하기 때문에 마음을 터놓는 시간을 만들려고 노력한다.

한때 '노미니케이션('마시다'라는 일본어 '노무'와 '커뮤니케이션'의 합성어-역주)'이라는 말이 유행한 적이 있다. 많은 사람이 업무를 마치고 상사나 선배와 술을 마시면서 마음을 터놓고 질문과 상담을 하고, 때로는 토론을 하면서 서로를 알아가려고 노력했다.

경쟁 관계는 인간을 성장시킨다. 그러나 인간관계를 구축하려고 노력하지 않으면, 신뢰를 쌓지 못하는 것은 물론 일에서도 성과를 올리기가 어려워진다.

09 :: 전략적 사고를 키우는 **업무의 기술**

감사의 마음은
이메일보다 편지로 전하라

"야스다, 어제 요네야마 상사 사장님께서 바쁜 와중에 한턱 내셨으니까 곧바로 감사 편지를 보내게!"

"알겠습니다, 부장님. 바로 보내겠습니다!"

"부탁하네! 우리에게는 중요한 고객이니까."

"아, 다 됐습니다! 부장님, 그럼 이제 보내겠습니다."

"응! 뭐라고 쓴 거야? 잠깐 보여주게!"

"뭐야! 이메일이잖아? 게다가 겨우 두 줄? 이러면 받는 쪽도 자네가 사무적으로 보냈다고 생각할 게 뻔하지 않은가! 애당초 마음이 담겨 있지 않은 이따위 이메일을 어떻게 감사 편지라고 할 수 있겠나! 편지지에 제대로 써서 보내게!"

예전에는 처음 소개받은 분에게 즉시 정중한 편지(감사 편지)를 보내곤 했다. 그러나 요즘은 인터넷이 보급되어, 간단한 이메일로 감사 편지를 보내는 사람이 무척 많아졌다.

편지보다는 이메일이 빠르고 편리하지만, 받는 쪽은 감사의 마음을 전혀 느끼지 못할 것이다.

이메일에도 마음을 담을 수 있기 때문에 굳이 수단을 문제시하면 안 되지만, 요즘처럼 모두가 짤막한 이메일을 주고받는 인터넷 시대에 정중하고 성의가 담겨 있는 편지를 보내면 받는 쪽도 '젊은 사람이 대단하군…….'이라며 높게 평가할 것이다.

신뢰는 이렇게 작은 배려가 축적되는 과정에서 조금씩 얻어지는 것이다. 요즘처럼 간단한 이메일로 뭐든지 해결하려고 하면, 오해나 과장, 설명 부족 등으로 불신을 낳거나 자칫 인간관계를 해치는 원인이 될 수 있다.

상대방에게 감사와 존중의 마음을 전하고 싶으면, 시간을 들여서 정중하고 성의 있게 편지를 써 보내리.

그렇게 하면 생각지도 못한 인맥을 쌓을 수 있고, 주변의 평가도 좋아질 것이다.

10 ::전략적 사고를 키우는 **업무의 기술**

회사의 경비를 아껴라

"어차피 회사 경비로 처리되니까 실컷 먹고 마시자!"

"교통비가 좀 들겠지만, 회사에서 부담하니까……."

"계속 틀어놔도 돼! 회사 입장에서 보면, 에어컨이나 전기세는 별거 아닐 테니까……."

한심하다는 생각이 들지 않는가? 물론 업무상 경비는 회사가 지불한다. 그러나 20년 이상 미국과 일본, 아시아에서 경영 컨설턴트로 일하면서 느낀 것은 회사 경비를 아끼는 사람일수록 출세하고 발전하며 신뢰받는다는 점이다. 즉 공과 사를 분명히 구별하는 것이 중요하다.

일 잘하는 사람과 신뢰받는 사람은 주인 의식이 투철하다. 회사에 고용되어 있으면서도 매사에 자신이 회사의 주인이라는 생각을 가지고 행동한다.

그렇기 때문에 일개 사원이 미래에 사장이 될 만한 재목인지 아닌지는 회사에 대한 생각과 언동으로 알 수 있다.

회사 경비를 사용하는 것은 결코 나쁜 일이 아니다. 단, 비용 대비 효과를 고려해서 회사에 이익이 되는 방식으로 경비를 사용하고 있는지가 중요하다.

식비, 교통비, 접대비 등의 경비는 단돈 10원이라도 회사에 이익이 되지 않으면 절대로 사용하면 안 된다. 즉 '공과 사의 구별'을 확실히 해야 한다. 신입 사원일수록 더 철저하게 공과 사를 구별해야 한다.

사람을 평가하는 기준은 그리 많지 않다. 그중 하나가 바로 회사의 경비를 사용하는 방식이다. 여기서 인간의 그릇이 결정된다.

11 ::전략적 사고를 키우는 **업무의 기술**

다 쓴 물건은 쌓아놓지 말고
그때그때 버려라

"와타나베, 저번에 빌려간 설문 조사 집계표 다 사용했으면 돌려주겠나?"

"네, 부장님!"

"오후 회의 때 쓸 거니까 오전 중으로 주게."

"알겠습니다. 지금 곧……. 어라? 어디 갔지?"

"어디 보게, 이것들은 뭐야! 서류가 엉망진창으로 쌓여 있잖아! 게다가 필요 없는 서류뿐이고! 이런 상태에서 뭐가 어디에 들어 있는지 알 수 있겠나!"

"죄송합니다. 또 필요할지 몰라서, 버리기가 좀…….."

"한심하긴! 이런 옛날 서류들을 어디에 쓴다는 건가! 필요 없는 것들은 지금 당장 버리도록 하게! 일 잘하는 녀석은 불필요한 물건을 그때그때 버린다고! 게다가 데이터는 전부 메인 컴퓨터에 들어 있는데 종잇조각을 남겨둘 필요가 뭐 있나. 때로는 과감하게 버릴 줄도 알아야지! 전부 없애버리게, 지금 당장!"

"네, 알겠습니다."

"내 말 잘 듣게! 필요 없는 것을 계속 쌓아두면 정말 필요한 것이 어디에 있는지 알 수 없게 되지 않나. '시간은 돈'이라는 말도 있지만, 불필요한 것들 속에서 필요한 것을 찾는 데 들이는 엄청난 시간과 노력은 막대한 비용과 정신적인 스트레스로 이어진다네. 돈은 다시 벌면 되지만, 시간은 되돌릴 수 없어! 불필요한 것을 아까워하거나 언젠가 필요하지 않을까 걱정하는 녀석은 요즘 같은 스피드 사회에서 살아남을 수 없어."

예전에 어떤 미국인 상사는 입버릇처럼 "오히려 버리는 것이 얻는 것보다 어렵다."고 말했다. 일을 잘하는 사람일수록 책상 위나 서랍 속이 깨끗하게 정리되어 있다.

지금도 생생하게 기억하고 있지만, 미국에서 일류 변호사의 사무실을 방문했을 때 너무나도 깨끗해서 깜짝 놀란 적 있다. 처음에는 '뭐야? 일도 안 하면서 청구만 하는 날라리 변호사 아니야?'라고 생각했는데, 막상 같이 일을 해보니 정말 일을 잘하는 사람이었다. 컴퓨터와 머릿속에 필요한 정보가 모두 들어 있다면, 서류는 필요 없다.

12 ::전략적 사고를 키우는 **업무의 기술**

아이디어가 떠오르면 즉시 메모하라

'응? 뭐였더라, 간만에 좋은 기획거리가 떠올랐는데……. 어떡하지! 메모해놓을걸!'

종종 일어나는 일이다. 메모해놓으면 될 일을, 옆에 필기도구가 없거나 귀찮다는 이유로 실행에 옮기지 못한다.

또 다른 경우,

"아사다, 여기 또 틀렸잖아! 회의 때 지적했는데, 왜 즉시 메모해놓지 않았나! 그때그때 메모하지 않으니까 틀린 데를 또 틀리는 것이 아닌가! 정신 좀 차리게! 같은 얘기를 몇 번이나 해야 알아먹는 거야, 유치원생도 아니고 말이야!"

당신은 이런 얘기를 들어본 적이 없는가?

나는 신입 사원 시절 종종 선배에게 비슷한 지적을 받았다. 그래서 어디에 가든 항상 볼펜과 메모지를 가지고 다녔다. 원래 기억력이 좋은 편은 아니었기 때문에 아이디어나 주의 사항이 떠오를 때마다 즉시 메모해놓지 않으면 두 번 다시 생각나지 않는다.

미국에서는 일류라고 불리는 사람일수록 뭐든지 즉시 메모를 했는데, 그 모습이 무척 인상적이었다. 그들은 언제 어디서나 아무렇지 않게 메모지를 꺼내서 아이디어나 주의 사항 등을 적었다. 덕분에 나도 메모광이 되었다.

속는 셈치고 일단 실천해보라. 주변 사람들이 당신을 작은 것 하나까지 소중히 여기는 성실하고 신뢰할 만한 사람이라고 생각할 것이다. 또한 끊임없이 메모하는 당신의 모습을 보고, 항상 노력하는 사람으로 이미지를 갖게 될 것이다. 뿐만 아니라 메모하는 습관이 몸에 배면 업무 효율도 깜짝 놀랄 만큼 높아질 것이다.

인간은 망각의 동물이다. 그러니까 자신의 기억력에만 의지하지 말고, 뭐든지 메모하는 습관을 들여라!

13 ::전략적 사고를 키우는 **업무의 기술**

주변 사람들에게 끊임없이 질문하라

'묻는 것은 한순간의 수치이나, 묻지 않는 것은 평생의 수치다.'

모른다는 사실을 창피하게 생각하지 말고 그때그때 용기를 내어 물어보면, 후에 큰 창피를 면하게 된다는 말이다.

중학교 1학년 때 담임 선생님이 내가 모르면서도 아는 척한다는 사실을 눈치챘는지, 종종 큰 소리로 위의 말을 했다. 덕분에 중학교를 졸업할 무렵에는 뭐든지 주저하지 않고 다른 사람에게 질문할 수 있게 되었다.

그러던 내가 미국에서 프로 경영 컨설턴트로 일할 무렵, 개구리 올챙이 적 생각 못한다고 아는 척하다가 큰 창피를 당한 적이 있다. 지금 생각하면 웃고 넘길 수 있는 추억이 되었지만 말이다.

내가 독립한 지 얼마 되지 않았을 때의 일이었다. 텍사스 주정부 경제 개발 기구의 어드바이저로 취임한 것을 계기로 동 기관의 장관과 이사 네 명을 모시고 텍사스 주 진출을 검토하던 일본의 대형 컴퓨터 회사 A사의 본사를 기업 유치 목적으로 방문했을 때였다.

당시 A사의 전무가 미국에서 일본까지 와줘서 감사하다며, 통역을 겸한 나를 포함해서 전원을 고급 요릿집에 초대했다.

요릿집에 도착한 우리는 A사의 전무 일행으로부터 회의 때문에 늦어질 것 같으니 예약해놓은 가이세키 요리(일본식 코스요리-역주)를 먼저 시작하라는 메시지를 받았다. 바로 요리가 나오기 시작했는데 오랫동안 미국에서 생활하던 나는 단 한 번도 가이세키 요리를 먹어본 적이 없었다. 불안하긴 했지만, 창피한 나머지 나오는 음식을 전부 먹어도 되는 건지 차마 여주인에게 묻지 못했다.

여주인이 방에서 나가자마자 나는 접시 위에 담겨진 음식을 모두 먹기 시작했고, 미국인인 나머지 사람들도 모두 나를 따라 접시를 깨끗이 비웠다.

그 순간, A사의 전무가 방으로 들어왔다. 그리고 던진 한마디.

"하마구치 씨, 설마 이분들께 이걸 전부 드시라고 한 건 아니죠? 미국인은 대단하네요! 장식까지 먹어치우다니……."

그때 나는 얼굴이 새빨개졌고, 이마에서 식은땀이 흘렀다. '주인에게 물어볼걸.' 하고 뒤늦게 후회했지만 소용없는 일이었다.

14 ∷ 전략적 사고를 키우는 **업무의 기술**

일단 시도하라

"이번 판촉 활동은 인터넷을 통해서 할 생각입니다."

"응? 인터넷으로 판촉 활동을 하는 건 처음이지? 제품 정보를 받아 보는 대상은 구체적으로 어떻게 정할 계획인가?"

"지금부터 팀원과 회의하려고요."

"뭐? 아직 대상도 정해지지 않은 거야? 그럼 대략 몇 명에게 보낼 생각인가?"

"아직 정하지는 않았습니다만, 시간이 허락하는 한 가급적 많은 사람에게 보낼 생각입니다."

"뭐? 사람 수도 아직 정하지 않았단 말인가! 그런 상태로 어떤 성과를 기대할 수 있겠나? 시도했는데 반응이 전혀 없으면 어떻게 할 거지? 책임은 누가 지느냐 말이야!"

회의 중에 이런 대화를 들어본 적 없는가? 누군가 새로운 것을 제안하면, 현실주의자들은 종종 이런 불만을 토로한다.

새로운 일에서 비용 대비 효과나 시간 대비 효과 등을 논의하는 것은 중요한 일이다. 그러나 부정적인 의견이나 비판, 평론은 회의의 긍정적인 분위기를 해치고 방해만 할 뿐이다. 그러므로 어떤 일을 하기 전에 장점과 단점을 확실하게 파악하고, 실패할 경우에 치명적인 손해가 발생하지 않는 한 일단 시도하자.

출세를 하고 싶은 사람은 한참 뒷일까지 걱정하면서, 이론적인 관점에서 문제점이나 실패하는 이유를 짜증날 정도로 늘어놓는다.

그러나 무슨 일이든 해보지 않으면 어떻게 될지 아무도 모른다. 어느 정도 논의를 거친 후에 성공할 가능성이 있다고 판단되면, 일단 시도하는 용기가 필요하다.

미국에서 탄생한 편의점 '세븐일레븐'도 처음에는 일본에서 성공하기 어렵다는 의견이 대세였다. 그러나 여기에 굴하지 않고 일본에 개설된 세븐일레븐은 여러 가지 문제점을 극복하면서 큰 시장을 형성했다. 한편 '맥도날드'도 처음에는 쌀을 주식으로 하는 일본에서 성공할 리가 없다고 생각했지만, 지금은 최대의 매출을 올리는 외식 기업으로 성장했다.

논리 따위는 제쳐놓고 일단 시도하라. 문제가 생기면 그때 가서 고민해도 늦지 않다!

15 :: 전략적 사고를 키우는 **업무의 기술**

이미지를 관리하라

　수많은 화젯거리를 제공하고 유명세를 탔던 라이브도어 호리에 사장(당시)을 싫어하는 사람이 많다는 사실을 알고 조금 놀란 적이 있다. 택시를 탔을 때, 운전기사가 기분 나쁘다는 듯 흥분하며 간사이 사투리로 이렇게 말하는 게 아닌가!

　"손님, 라이브도어 호리에라는 녀석을 어떻게 생각하십니까? 저희 택시 운전수는 그 녀석이 맘에 안 들어 죽을 지경이에요! 젊은 것이 돈은 좀 모았는지 모르지만, 매스컴에 티셔츠 차림으로 나타나서 돈으로 안 되는 건 없다고 지껄이고 말이에요! 세상이 그렇게 호락호락한 줄 아나! 우리는 더울 때나 추울 때나 항상 손님에게 감사하는 마음으로 이런 복장을 하고 있는데……! 그게 당연한 것 아닙니까! 돈만 있으면 그렇게 입고 다녀도 되는 겁니까? 그 녀석을 볼 때마다 어찌나 열이 받는지 원!"

　세상 사람의 공감을 얻으려면 겸손한 이미지를 만드는 것이 매우 중요하다. 대부분의 사람은 이론보다 겉모습으로 판단하기 때문이다.

겸손한 마음을 가지고 다른 사람에게 불쾌감을 주지 않는 이미지를 만든다면, 쓸데없는 이유 때문에 부정적인 평가를 받는 일도 없고, 더욱 많은 사람이 지지하고 응원할 것이다.

인간은 다른 사람의 응원과 평가 없이는 성공할 수도 없을 뿐만 아니라 살아갈 수도 없다.

미국에도 호리에 사장처럼 어디든지 티셔츠 차림으로 다니면서 실력으로만 승부하겠다는 경영자가 있었다. 그런데 그가 빠진 술자리에서 누구 하나 그에 대해 좋게 얘기하는 사람이 없었다. 그의 성격이 특별히 나쁜 것도 아니었는데 말이다.

"그 녀석, 사람 무시하는 거 아냐? 우리는 매일매일 어쩔 수 없이 정장을 입고 있는데, 저 혼자 편한 차림으로 다니고 말이야! 자기가 뭐 그리 대단한 인물이라고!"

"머리가 어떻게 된 거 아냐? 그런 차림으로 다니다니!"

내가 고문을 맡던 회사에도 항상 연예인처럼 옷을 입는 사원이 있었다. 그런데 그가 아무리 좋은 기획안을 내놓아도 상사는 별종 취급을 하며 인정해주지 않았다. 그는 결국 회사를 그만두었다. 스스로 목을 조른다는 게 이런 상황을 두고 하는 말일 것이다.

16 ::전략적 사고를 키우는 **업무의 기술**

제품과 서비스가 아니라 자신을 판매하라

영업을 나갔을 때의 일이다.

"사장님! 저희 회사에서 이번에 업계 최초로 획기적인 제품을 내놓았습니다. 바로 이 제품입니다. 아무쪼록 사용해보시기 바랍니다. 이 제품의 장점을 말씀드리자면……."

"미안하네만, 지금은 좀 곤란한데……. 그런 제품은 지금 가지고 있는 걸로도 충분한 데다 비용도 만만찮으니 말이야. 무엇보다 자네가 너무 어렵게 설명해서 무슨 말인지 잘 모르겠네! 아무튼 지금은 바쁘니까 나중에 필요해지면 연락하지."

반면에, 영업의 본질을 파악한 사람은 제품과 서비스가 아니라 자신을 홍보하고 자신을 판매한다.

"사장님, 저는 항상 귀사가 성공하는 데 도움이 되고자 하는 바람을 가지고 있습니다. 귀사의 성공을 위해서라면 뭐든지 도와드리고 싶습니다. 저희 회사 제품은 처음에는 비용이 조금 들겠지만, 귀사의 업무 효율을 높여주기 때문에 1년 안에 그 비용을 전액 회수할 수 있습니다.

물론 그렇게 되도록 제가 성심성의껏 최선을 다하겠습니다!"

"알겠네! 제품이야 어느 회사 것이든 거기서 거기니까 일단은 자네를 믿고 사겠네! 왠지 자네는 신뢰가 간단 말이야. 그러니까 제품에 문제가 생겨도 알아서 처리해줄 걸로 믿겠네."

우선은 고객의 신뢰를 얻는 것이 중요하다. 고객은 전문가가 아니기 때문에 제품과 서비스를 정확히 평가하기가 어렵다. 그러므로 어느 정도 제품과 서비스에 대해 설명하고 난 다음에는 고객의 신뢰를 얻어야 한다.

상대방이 마음에 들지 않으면, 그가 소개하는 제품과 서비스가 아무리 뛰어나다고 해도 고객은 사지 않을 것이다. 상대방을 신뢰하면 제품과 서비스에 대해 다소 모르는 부분이 있더라도 제품을 사는 경우가 많다.

제품과 서비스가 아니라 '나'라는 인간에 대한 신뢰를 얻지 못하면 성과를 올릴 수 없다. 고객의 신뢰를 얻으면 제품과 서비스를 판매하는 것은 시간문제이다.

17 :: 전략적 사고를 키우는 **업무의 기술**

직장에서 어리광 부리지 마라

신입 사원의 말투를 듣고 깜짝 놀란 적이 없는가?

예전에 고문을 맡던 회사에서 우연히 입사한 지 얼마 안 된 신입 여사원이 전화하는 내용을 듣고 아연실색한 적이 있다.

"저기요~ 지금 부장님 안 계신데요~ 어떻게 하면 좋을까요~."

'어디선가 들어본 말투인데……. 아, 맞다! 여고생 말투다!'

지하철 안에서 여고생들이 코맹맹이 소리로 나누던 대화가 딱 이런 느낌이었다. 순간 그 여사원이 여고생 시절부터 인성의 성장이 멈춰버린 것은 아닐까 하는 생각마저 들었다.

전쟁터나 다름없는 직장에서 필사적으로 일하는 상사나 선배들은 이 말투를 듣고 온몸에 닭살이 돋거나 충격을 받지 않을까? 업무상의 대화와 사적인 대화조차 구별하지 못하는 사회인이 있다니……. 차마 눈 뜨고 볼 수 없던 나는 고문을 맡은 회사였음에도 불구하고 그렇게 철없이 행동하는 사원에게 주의를 주었다.

"당신은 이 회사에 일을 하러 왔나요? 아니면 놀러 왔나요?"

깜짝 놀란 여사원은 그저 입을 다물고 있었다. 외부인이 지적했기 때문인지도 모르지만, 태어나서 처음으로 그런 얘기를 들었다는 듯 당황하는 기색이 역력했다.

지금까지 편하게 학교에 다니고 부모에게 의지하는 사이에 어리광이 몸에 밴 사람도 많을 것이다.

그러나 일단 사회라는 전쟁터에 들어오면 어리광은 일절 배제한 채 비장한 각오로 일해야 한다. 그렇지 않으면 자기편이 되어줄 선배나 상사를 적으로 돌리게 되고, 그들에게 태클을 당할지도 모른다.

엄격하게 주의를 주는 사람이 있으면 그나마 다행이다. 그러나 아무도 더는 주의를 주지 않거나 낭신을 부시하기 시작하면, 이미 게임은 끝났다고 생각하라. 당신은 이제 주의를 주어도 고칠 수 없는 구제불능에 불량 사원으로 취급될 것이다. 그렇게 되면 "내일부터 나오지 않아도 되네."라는 말을 듣는 것은 시간문제이다. 각오하기 바란다.

직장에서 코맹맹이 소리로 말하거나 어리광을 부리지 마라! 손해 보는 사람은 바로 당신이다.

18 :: 전략적 사고를 키우는 **업무의 기술**

항상 회사에 도움이 되는지
생각하며 행동하라

케네디 대통령은 국민을 향해 이런 말을 한 적이 있다.

"국가가 여러분을 위해 무엇을 해줄지 묻지 말고, 여러분이 국가를 위해 무엇을 할 것인지 물으십시오!"

이 한마디는 타인에게 의지하며 살아가는 인생관을 부정하고, 자신의 힘으로 사회에 공헌하는 것이 얼마나 중요한지를 강조한다.

오늘날 이런 정신을 지니고 살아가는 사람이 몇 명이나 될까? 오히려 '왜 국가와 다른 사람들은 나를 도와주지 않는 걸까?' 라는 피해 의식에 사로잡힌 채 살아가는 사람이 많지 않을까?

특히 젊을 때는 돈과 경험, 노하우, 신용, 인맥 등 무엇 하나 가지고 있지 않기 때문에 자신도 모르게 회사나 다른 사람의 도움을 기대하곤 한다. '부탁하면 어떻게든 해주겠지.' 라고 착각하는 것이다. 가진 것이 아무것도 없는 때일수록 자신의 힘으로 부딪쳐야 한다. 그런 사람에게는 깊이가 느껴지기 때문에 주변 사람들이 가만두지 않는다. 아무것도 하지 않아도 누군가가 힘을 빌려준다.

성공한 사람들은 다른 사람이 원하거나 곤란해하는 부분을 발견하고 이를 잘 해결해준다. 이를테면 유능한 사업가는, 사람들이 원하고 있지만 아무도 제공하지 않은 제품과 서비스를 가장 먼저 발견하고 세상에 내놓는다. 애써 무언가 하려고 하는데 아무에게도 도움이 되지 않는다면, 그것은 자기만족이며 시간 낭비일 뿐이다.

회사에서도 성과에 상관없이 회사에 도움이 되려고 열심히 일하는 사원은 상사의 총애를 받는다. 당연한 얘기지만, 인정받는 사원과 그렇지 않은 사원은 회사에 대한 공헌도로 측정한다.

신입 사원 시절에는 어떻게 해야 회사에 도움이 되는지 잘 모를 것이다. 그런 때는 상사나 선배에게 겸손한 자세로 솔직하게 물어보자. 모두가 당신에게 무엇을 바라는지, 무엇을 기대하는지 말이다. 그렇게 하면 어떤 목표를 가져야 하는지, 무슨 일을 해야 하는지 알 수 있다. 뿐만 아니라 갑자기 의욕이 솟아서 업무에 집중할 수 있고 성과도 올릴 수 있게 된다.

인간은 자신도 모르게 독선에 빠지곤 한다. 따라서 객관적인 자세를 유지한 채 자신이 회사에 도움이 되는 언동을 하고 있는지 스스로에게 묻고, 타인의 평가를 체크하는 것이 중요하다.

19 ::전략적 사고를 키우는 **업무의 기술**

모르는 것이 있으면 즉시 질문하라

"과장님, 전화 왔습니다."

"누군가?"

"야마구치 상사의 오시마 씨라는데요."

"누구지, 영업 전화 아니야? 무슨 용건인지 물어보고, 영업 전화면 적당히 거절하게. 그게 아니면, 나중에 이쪽에서 전화한다고 말하고. 전화번호도 잊지 말고 물어보게."

"알겠습니다!"

"과장님, 영업이 아니었던 것 같습니다. 거래처라면서 과장님을 잘 알고 계신다기에 전화번호를 적어놓았습니다. 여기……."

"이상한데? 회사명도 그렇고 이런 이름은 들어본 적이 없는데……. 일단 전화해볼까……."

"응? 다이키, 전화 연결이 안 되잖아! 제대로 적은 거 맞아? 전화번호는 한 번 더 확인했나?"

"아! 거기까지는 못했는데요. 죄송합니다……."

"어쩔 수 없지……. 중요한 일이면 또 전화 오겠지……. 그건 그렇고 누구지?"

"과장님, 전화 왔습니다. 좀 전의 오시마 씨인 것 같습니다."

"전화 바꿨습니다, 야스다입니다. 아! 야마다 상사의 오카와 사장님 아니십니까! 좀 전에 전화 건 분이 사장님이셨군요! 정말 죄송합니다. 신입이 아무것도 모르고……."

"다이키! 뭐 하자는 거야! 좀 전에 왔던 전화, 야마구치 상사의 오시마가 아니라 야마다 상사의 오카와 사장님이잖아! 중요한 거래처라고!"

"죄송합니다. 뭐라고 하는지 잘 안 들려서……."

"잘 안 들리면 다시 물어봐야지! 게다가 자네, 전화번호는 당연하고 어느 회사에 누구인지까지 적어놔야 할 것 아닌가!"

당신은 모르는 것이 생겼을 때 용기를 내서 즉시 물어보고 있는가?

20 ::전략적 사고를 키우는 **업무의 기술**

고유 명사를
멋대로 줄여서 말하지 마라

인터넷과 휴대폰이 보급된 탓인지, 요즘 들어 언어, 그중에서도 고유 명사를 줄여서 말하는 경향이 강해졌다. 물론 줄여서 말하면 간편하다는 장점도 있지만, 회사명이나 사람 이름까지 줄여서 말하는 것은 때때로 무례한 느낌과 혼란을 초래한다.

편의상 사내에서만 사용하면 나쁠 것도 없지만, 문제는 상황 파악이 안 되는 신입 사원들이 회사 밖에서도 당당하게 그 명칭을 사용한다는 것이다.

그러나 듣는 사람은 생소한 단어에 '새로운 경영 기법인가?', '영어인가?' 하고 고개를 갸웃거릴 수밖에 없다. 단어의 의미를 아는 사람끼리 사용하는 것은 그렇다 쳐도, 그 단어의 의미를 모르는 사람에게까지 무분별하게 사용한다는 것은 납득하기 어렵다.

얼마 전 어떤 회사에서 중요한 고객과 함께하는 회의가 있었다.

"부장님, 다음 주에 ○○○에서 회의가 있을 예정입니다."

"○○○는 뭔가?"

"○○○○○주식회사의 줄임말인데요."

"평소에 자네들은 고객의 회사를 그런 식으로 줄여서 말하나?"

"네. 무엇보다 회사명이 너무 길어서……."

"담당 부서 안에서는 그렇다 쳐도, 고객 앞에서까지 줄여서 부를 건 없지 않나! 고객에게 실례 아닌가!"

"죄송합니다. 계속 쓰다 보니까 입에 배서 저도 모르게……. 다른 회사도 줄여서 부르는데……."

회의에 참석한 해당 회사의 담당자는 편의상이라고는 하나 역사와 전통을 자랑하는 자신의 회사명을 멋대로 줄여서 불렀다는 데 불쾌함을 감추지 못했다. 또한 옆에 있던 고문 변호사도 '정말 무례한 사원이군.' 이라고 말하고 싶다는 표정이었다.

회사명을 줄여서 부르는 것은 별것 아닌 일이라고 생각할 수도 있지만, 때와 장소에 따라서는 매우 큰 실례가 될 수도 있다. 사실 때와 장소를 논하기 전에, 편리하다는 이유로 뭐든지 줄여도 되는 건지 의문이 들기도 한다. 고유 명사를 줄여서 말하는 습관을 버리고, 어쩔 수 없이 줄여서 말할 경우에는 때와 장소를 가려라.

21 ::전략적 사고를 키우는 **업무의 기술**

Give & Give & Give

"저는 정말 운이 없는 것 같습니다. 운이 없다 보니, 이 회사도 조만간 망하는 게 아닌지 심각하게 고민입니다. 제가 어떻게 하면 운이 좋아질까요?"

어느 일부 상장 회사를 방문했을 때 그 회사의 사장이 갑자기 이런 질문을 했다. 경영 컨설팅을 하다 보면 종종 받는 질문이다.

이번에는 어쩌다 사장에게 질문을 받았지만, 학생이나 신입 여사원이 질문을 해도 나는 항상 똑같은 대답을 한다. 운이 좋아지는 데 연령이나 성별, 지위 등은 전혀 관계가 없기 때문이다.

"운이 좋아지는 방법이 한 가지 있긴 있습니다만, 제 방법일 뿐 권위 있는 사람의 보증을 받은 것도 아니고……."

"괜찮습니다. 어떤 방법입니까?"

"그 방법을 실천한다고 해도 바로 운이 좋아지는 건 아닌데, 그래도 괜찮습니까?"

"상관없습니다. 조금씩이라도 좋아지기만 한다면."

"그러면 오늘부터 Give & Give & Give를 실천하세요."

"Give & Give가 아니라 Give & Give & Give라고요? 도대체 뭐가 다른가요?"

"자식에 대한 부모의 사랑처럼 일절 보답을 바라지 않고 철저하게 상대방의 고민을 들어주고 도와주는 것입니다."

"그렇게 하면 정말 운이 좋아지나요?"

"네. 시간은 좀 걸리지만, 운이 반드시 좋아질 겁니다. 그 방법을 실천하면, 사장님의 팬이 점점 많아지기 때문이죠. 팬이 된 사람들은 사장님을 존경하고 좋아하기 때문에 좋은 것이나 중요한 정보, 즉 운을 가져다줍니다."

"그렇군요, 잘 알겠습니다. 당장 실천하겠습니다."

당신도 실천해보기 바란다. 시간은 좀 걸리겠지만, 운이 좋아질 테니 말이다.

22 ::전략적 사고를 키우는 **업무의 기술**

항상 주변 사람들에게 감사하는 마음을 표현하라

사회생활을 하는 사람 대부분은 직장 내 인간관계로 힘들어한다. 이유는 다양하지만, 대부분의 경우에는 상사나 선배, 동료, 부하 직원 등 누군가와 성격이 맞지 않기 때문이다.

그렇다면 왜 성격이 맞지 않는 것일까? 보통 가치관이나 사고방식, 인생관, 성격, 성장 배경이 다르기 때문이라고 말한다. 그러나 이는 잘못된 생각이다. 오히려 다른 배경을 가졌기 때문에 서로 보완하며 잘 지내는 경우도 많다.

그렇다면 인간관계가 원만하지 않은 진짜 이유는 무엇일까? 그것은 서로를 인정하지 않기 때문이다.

그러면 어떻게 해야 서로 존중할 수 있을까? 해답은 간단하다. 항상 감사하는 마음을 표현하는 것이다.

곰곰이 생각해보라. 항상 당신에게 감사하는 사람을 싫어할 수 있겠는가? 그런 사람을 무시하거나 괴롭힐 마음이 생기겠는가? 오히려 당신도 그 사람에게 감사하는 마음을 갖게 되고, 좋아하게 될 것이다.

직장에서 좋은 인간관계를 형성하려면 주변 사람들에게 끊임없이 감사하는 마음을 전해야 한다. 상대방이 진심으로 느낄 때까지 계속하지 않으면, 무의미한 자기만족에 그치고 말 것이다.

인간은 혼자서 큰일을 할 수 없다. 누군가의 도움, 특히 주변 사람들의 이해와 응원이 필요하다. 우리는 자신도 모르는 사이에 많은 사람의 도움을 받는다. 때로는 혼자 힘으로 해낸 것처럼 느껴질 때도 있다. 그러나 냉정하게 생각해보면, 수많은 사람의 협력과 지원이 있었기 때문에 가능한 일이었을 것이다.

따라서 아주 작은 일이라도 누군가에게 도움을 받았다면, 진심을 담아서 감사하는 마음을 표현하라!

감사하는 마음은 빨리 표현할수록 성의가 잘 전달된다. 그러므로 도움을 받자마자 표현하는 것이 좋다.

믿지 못하겠다면 일단 시도해보기 바란다. 어제의 적군이 오늘은 아군이 될 것이다. 감사하는 마음을 표현하는 일은 상대방에게 강력하고 긍정적인 영향을 미치는 '특효약'이다.

23 ∷ 전략적 사고를 키우는 **업무의 기술**

끊임없이 격려하라

강연을 마친 후 갑자기 이런 질문을 받았다.

"우울할 때는 어떻게 해야 기분이 좋아질까요?"

"저마다 대처하는 방법이 다르겠지만, 저는 우울할수록 다른 사람의 고민을 들어주고 함께 고민하며 진심으로 격려합니다."

"우울한 기분으로 어떻게 다른 사람을 격려할 수 있죠?"

"다른 사람의 고민을 듣다 보면 자신이 얼마나 좋은 환경에 있는지 깨닫게 됩니다. 또한 그 사람을 동정하고 격려하는 사이에 우울감이 사라지면서 점점 용기가 생기고 자신이 처한 환경에 진심으로 감사하는 마음이 들지요. 한번 해보세요. 말로 설명해도 감이 잘 안 올 테고, 직접 경험하기 전까지는 잘 모를 테니까요……. 제 경우에는 굉장한 힘이 샘솟아서 다시 한 번 잘하자는 마음이 들거든요."

"어째서 그런 힘이 생기는 거죠?"

"다른 사람의 고민을 듣다 보면 자신이 얼마나 행복한지 그리고 자신이 안고 있는 문제가 얼마나 사소한 것인지 알게 되거든요. 그것은 다른 사람을 격려하는 사이에 저절로 깨닫게 되는 것입니다."

미국에 있었을 때 가장 존경하는 리더가 해준 말이 있다.

"인생에서 가장 행복하고 고귀한 삶의 방식이 뭔지 아나요?"

"죄송합니다. 그 해답을 계속 찾고 있지만, 아직 발견하지 못했습니다. 그것이 무엇인지 가르쳐주세요."

"그것은 죽는 순간까지 손익을 따지지 않고 한 명이라도 많은 사람을 격려하고 응원하는 것입니다! 그렇게 살아가다 보면, 믿을 수 없을 만큼 큰 힘이 솟아나고 행운이 찾아오거든요!"

나에게 이 말은 일종의 '깨달음' 이었다. 오랫동안 '인생을 어떻게 살아가야 할 것인가' 에 대해 고민했는데, 바로 그의 말에 해답이 있었다. 이 말은 내 인생관의 기준이 되었다.

그로부터 20년 후. 다른 사람을 격려하는 일이 얼마나 중요한지, 수많은 경험을 통해서 절실히 느끼고 있다.

24 ::전략적 사고를 키우는 **업무의 기술**

주변 사람들의 장점을 배워라

"아~ 배울 게 많은 괜찮은 사람이라고 생각했는데 과장님은 우유부단하고 팀장님은 엄청나게 성질이 급하단 말이야. 게다가 도쿄 대학 출신이라 똑똑한 줄 알았던 선배는 칠칠치 못한 데다 일도 대충대충 하는 것 같고……. 옆자리에 앉는 유코는 심술 맞은 데다가 짠순이야. 내 주변에는 누구 하나 본받을 만한 사람이 없다니까……."

지인의 집에서 업무에 관한 얘기를 나누고 있는데, 입사한 지 얼마 되지 않은 지인의 딸이 퇴근하고 돌아와서 한숨을 쉬며 혼잣말을 했다. 지인은 더는 못 들어주겠다는 듯 큰 소리로 꾸짖었다.

"너 지금 무슨 말을 하는 거냐! 아버지도 10년 넘게 상장 기업의 사장을 하고 있지만, 결점이 아주 많다! 세상에 완벽한 사람은 없어. 있다고 해도 그게 어디 사람이냐! 다른 사람의 결점을 들춰낼 시간이 있으면, 먼저 그 사람들의 장점을 배우도록 해! 너도 그 사람들 못지않은 결점이 있으니까 말이야……."

술의 힘도 조금 빌린 것 같았지만, 평소 온화한 성품의 지인이 그렇게까지 흥분해서 꾸짖는 모습은 처음 봤다. 그래도 지적하는 부분에 대해서는 100% 공감했고, 많은 사람을 겪어온 상장 회사의 사장다운 '훌륭한' 언변에 감탄하지 않을 수 없었다.

처음 만난 사람에게 훌륭한 점을 발견했다면, 누구나 그 사람이 계속해서 훌륭했으면 하고 바랄 것이다. 그러나 짧은 시간 안에 그가 어떤 사람인지 파악하는 것은 굉장히 어려운 일이다.

사람에게는 제각각 장점과 단점이 있다. 현실적으로 자신의 주변에 카네기나 마하트마 간디, 퀴리 부인, 마더 테레사와 같은 훌륭한 사람들이 항상 있을 수는 없다.

누구에게나 장점은 있기 마련이다. 그렇다면 주변 사람들의 좋은 점을 겸허하게 배워나가는 자세가 중요하지 않을까? 주변 사람들의 장점을 배우려는 겸허한 마음이야말로 승자가 되는 열쇠이다.

25 ::전략적 사고를 키우는 **업무의 기술**

남들이 싫어하는 일일수록
앞장서서 하라

고문을 맡은 기업에서 회의를 마치고 돌아가려고 엘리베이터를 탄 순간, 옆에 서 있던 젊은 여사원이 말을 걸어왔다.

"경영 기획실 신입 사원 ○○○라고 합니다. 갑자기 실례인 줄은 알지만, 며칠 전 사내 연수에서 강연하실 때 곤란한 일이나 질문이 있으면 언제든지 직접 연락해도 된다고 하셔서, 이렇게 용기를 냈습니다. 이런 데서 갑자기 질문해도 괜찮을까요?"

"네. 괜찮습니다……. 그런데 무슨 일이시죠?"

계속 서 있을 수도 없는 노릇이어서, 결국 회사 1층에 있는 커피숍에서 계속 이야기를 듣기로 했다.

"사실 저는 도쿄 대학 법학부를 졸업했습니다. 그리고 상장 기업 중에서도 가장 이름 있고, 또 젊은 사원들에게 기회를 준다는 얘기가 있어서 지난 4월에 이 회사에 입사했습니다. 처음에는 남녀 구분없이 모두 함께 연수를 받아서 정말 좋았습니다. 그런데 지금 경영 기획실에 들어와 보니까 비서를 제외하고는 여사원이 저 한 사람밖에 없더라고요. 그래서 아침 일찍 걸레질부터 시작해서 청소, 차 심부름, 전화 받기까지 잡무는 거의 저 혼자 담당하고 있어요. 지금 부서에 신입 사원은 저밖에 없지만, 선배들은 신입이 할 일이라며 전혀 도와주지 않습니다. 이제 정말 한계인 것 같아요. 회사를 그만둘까 고민 중입니다."

일류 대학을 졸업했는데 '왜 나만 이런 일을 해야 하지?' 라는 엘리트 의식이 느껴졌기에 조금 엄한 말투로 얘기했다.

"힘드시겠네요. 하지만 그건 잘못된 생각입니다. 청소, 차 심부름, 전화 받기는 엄연한 업무의 일환입니다. 싫은 일이기 때문에 아무도 하고 싶어하지 않을지도 모르지만, 누군가 하지 않으면 회사는 곤란해집니다. 그렇다면 신입 사원인 당신이 앞장서서 하면 되지 않습니까! 걱정은 하지 마십시오. 당신이 그런 일을 하는 모습을 지켜보는 사람은 분명히 있을 것입니다. 자신과의 싸움라고 생각하세요. 평생 청소나 커피 심부름만 하는 것은 아니잖습니까……."

젊을 때 싫은 일, 힘든 일을 많이 할수록 성장하는 자신을 발견할 수 있다. 그러니 굳은 일이라도 주저하지 말고 도전하자.

26 :: 전략적 사고를 키우는 **업무의 기술**

바른 자세로 앉아라

"자네, 자세가 그게 뭔가! 똑바로 앉게, 똑바로!"

갑자기 소리를 질러대는 상사의 목소리에 깜짝 놀란 젊은 사원은 왜 아침부터 겨우 자세 하나 가지고 이렇게 화를 내는지 이해할 수 없다는 표정이었다.

나도 어릴 때는 앉은 자세가 바르지 않다는 이유로 부모님에게 종종 야단을 맞았다. 자세가 그렇게까지 중요하다는 사실을 몰랐던 나는 왜 자세를 바르게 해야 하느냐고 물어보았다. 그러자 어머니는 네 가지 이유를 설명해주셨다. 첫 번째는 자세가 바르지 않으면 병에 걸릴 가능성이 높아지고, 두 번째는 심신이 해이해지기 때문이다. 그리고 세 번째는 열심히 노력하는 사람이 볼 때 눈에 거슬리는 존재가 되며, 마지막으로 금세 피곤해져서 집중력이 떨어지고 무슨 일이든 지속하기 어려워진다는 것이었다.

요즘 가정이나 학교에서는 예전처럼 자세에 대해서 지적하거나 고쳐주는 일이 많지 않다.

나는 부모님이 항상 자세에 대해 엄격하게 지도한 덕분에 자세가 좋은 편이다. 그래서 오랜 시간 일을 해도 피곤하지 않고, 집중력도 상당히 강하다. 또한 학교에 다닐 때나 졸업한 후에도 거의 병에 걸린 적이 없다. 뿐만 아니라 대학을 졸업하고 회사에 들어간 후 독립할 때까지 그리고 독립하고 나서도 지각이나 결근을 한 일은 단 한 번도 없다.

물론 초등학교 1학년 때부터 대학 시절까지 꾸준하게 수영을 해왔기 때문에 체력이 강해진 탓도 있겠지만, 가장 큰 이유는 자세가 바르기 때문이다. 그리고 많은 사람에게 종종 자세가 바르다는 칭찬을 듣는다. 때로는 가슴을 쫙 펴고 있어서 거드름을 피우는 것처럼 보일 때도 있는 모양이시만 말이다. 그래도 직책이 사장이기 때문에 적당한 거드름일지도 모르겠다.

어쨌든 바른 자세로 앉으라고 지적하는 것은 당신을 진심으로 생각하고 있다는 증거이다. 주의를 준 사람에게 감사하는 마음을 갖고, 스스로를 위해 노력해서 고치기 바란다.

27 ::전략적 사고를 키우는 **업무의 기술**

직장은 인생 대학이다

우리 회사 전무는 도쿄 대학을 졸업하고 대형 은행에 입사한 후 외국계 투자 회사를 거쳐, 중국에서 회사를 경영한 적이 있다. 그는 종종 이렇게 말한다.

"일단 사회에 나오면 일류든 아니든 출신 대학 따위는 관계없어. 지금 할 수 있는 일이 무엇인지, 얼마만큼 회사에 돈을 벌어다주고 도움이 되는지가 중요한 거라고!"

100% 동감이다. 예전에 우리 회사도 일류 대학 출신이나 일류 기업의 관리직, 임원 출신들을 대거 경력자로 채용한 적이 있다. 일류 대학을 졸업하고 일류 기업에서 나름대로 경험을 쌓으면서 책임 있는 업무를 맡아온 사람이라면, 최소한 일을 못하지는 않을 거라고 판단했기 때문이다.

그러나 예상은 크게 빗나갔다. 프라이드만 쓸데없이 높은 데다 우리 회사의 업무는 제대로 소화해내지 못했다. 더 정확하게 말하면 사람을 부리는 데는 능숙하지만 혼자서는 아무것도 하지 못했다. 결국 참다 참다 폭발한 전무가 그들에게 말했다.

"회사를 위해서 프라이드를 버리고, 혼자 영업을 뛰면서 돈을 벌어 올 생각이 없는 녀석은 지금 당장 사표 써!"

결국, 전무를 제외하고 모두 그만두었다. 그때 전무가 한 말.

"직장은 인생 대학입니다! 일류 대학을 나왔네, 일류 기업 출신이네 하고 떠들어봤자 소용없어요. 일 못하는 녀석을 누가 신용하겠습니까. 사장님, 직장이라는 인생 대학에서 공부할 생각이 없는 녀석들 따위는 필요 없습니다! 그런 녀석들이 사라져서 어찌나 속이 시원한지 모르겠습니다."

사물의 본질을 제대로 파악하는 괜찮은 사람이라고 생각했다.

교육을 받는 곳은 학교뿐만이 아니다. 인간이 존재하는 모든 곳이 교육 현장이다. 인생에서 가장 많은 시간을 보내고 다양한 사람이 모여 있는 회사야말로 가장 중요한 교육 기관이자 최고의 인생 대학이다. 그 최고의 교육 기관에서 업무를 통해 많은 것을 배우고, 인간으로서 성장하기 바란다.

28 :: 전략적 사고를 키우는 **업무의 기술**

어떤 일이 있어도
싫은 기색을 보이지 마라

당연한 얘기지만, 회사 업무에는 예외가 존재하기 마련이다. 언제나 정해진 일만 하고, 자신의 업무 패턴을 고집할 수는 없다. 또한 반드시 노력한 만큼 결과가 나온다고 말할 수도 없다.

무슨 일이 있어도 오늘 중으로 끝내야 하는 업무에 열중하고 있을 때, 갑자기 상사가 "되도록 빨리 처리해주게."라고 말하며 일거리를 툭 던지는 경우가 있다. 그런가 하면 만족스럽게 처리했다고 자신하는 업무에 대해 낮은 평가를 받거나 젖 먹던 힘까지 짜내서 완성한 업무가 형편없다며 다시 해오라는 지시를 받기도 한다.

그럴 때 당신은 어떤 반응을 보일 것인가? 대부분의 경우, 상사에 대한 불만을 얼굴 가득 드러내지 않을까?

'왜 내가 이런 일을 해야 하는 거야?' '뭐? 이 이상은 나에게 무리라고!' '기껏 열심히 했더니 다시 하라고? 지금 괴롭히려고 작정한 거야?' 등등.

그러나 명심하라. 상사는 그 짧은 순간에 당신의 반응을 주시한다는 것을 말이다. 업무를 맡길 만큼 신뢰할 수 있는 부하 직원인지, 불안해서 아무 일도 맡길 수 없는 부하 직원인지를 말이다. 상사의 판단에 따라, 당신의 미래가 결정된다.

상사가 선호하는 부하 직원은 우선 어떤 업무를 맡겨도 "네, 열심히 하겠습니다!"라고 받아들이는 사람, 심하게 야단쳐도 기죽지 않는 사람 그리고 상황에 따라서 태도를 바꾸지 않는 사람이다.

우리 회사에서도 정신없이 각자의 업무에 매달리는 상황에서 갑자기 처리해야 할 일이 종종 생긴다. 누구에게 부탁할지 고민하다 보면, 항상 무슨 일이든지 흔쾌히 받아들이는 사람에게 부탁하게 된다. A씨라면 싫은 기색 없이 해줄 거라며 안심할 수 있고, 실패하더라도 긍정적인 마음으로 다시 해올 거라고 신뢰하기 때문이다. A씨처럼 무슨 일이든지 흔쾌히 받아들이는 사람은 당연히 만족할 만한 결과를 내기 때문에 평가도 높아지고, 그러다 보면 월급이 오르거나 승진을 한다.

아무리 화가 나더라도 싫은 기색을 보이지 않는 것, 그것이야말로 훌륭한 사원의 필수 조건이다.

29 :: 전략적 사고를 키우는 **업무의 기술**

마음을 설레게 만드는 일을 찾아라

얼마 전 신입 사원을 대상으로 '사원의 마음가짐'에 관한 연수를 실시했다. 정사원이 되기 전에 반년 이상 인턴으로 일한 사람들에게 '현재 직장의 문제점'을 물었더니, '자극이 없다', '신선함이 없다', '업무에 익숙해지다 보니 빨리빨리 업무를 처리해야 한다는 부담감이 없어졌다'는 대답이 나왔다.

인턴으로 시작했다고 해도 아직 근무한 지 1년도 채 안 된 사람들이다. 나는 그들에게 '무슨 일이든지 좋으니까 마음을 설레게 만드는 일'을 하라고 제안했다. 그들은 좋지 않은 의미에서 이미 '워커홀릭' 상태가 되었기 때문이다. 사람은 아무리 좋아하는 일이라도 매일 반복하다 보면 자극과 신선함을 느끼지 못하게 된다.

직장에서 마음을 설레게 만드는 일은 항상 새로운 업무에 도전하는 것이다. 똑같은 일만 하다 보면, 타성에 빠지거나 눈 감고도 할 수 있는 일이라며 요령을 피우게 된다. 처음에는 편해서 좋을지도 모르지만, 머지않아 질리고 만다. 그렇기 때문에 상사가 다른 내용의 업무나 좀 더 어려운 업무를 시키면, 사원들은 긴장감을 느끼면서 조금은 설레는 마음으로 일할 수 있다. 또한 사원들도 타성에 빠지지 않으려면 업무 외에 재미있는 일, 도전할 수 있는 일을 찾아야 한다. 직장에서만 마음을 설레게 만드는 일을 찾는 것은 무리다.

취미 활동을 하거나 자신이 좋아하는 것, 정말로 배우고 싶은 것을 찾아서 설레는 마음으로 하루하루를 보내라. 다양한 사람과의 만남도 자극이 될 것이다. 그렇게 하다 보면 업무 효율이 높아져서 일에서도 성과를 낼 수 있게 된다.

나는 시간이 날 때마다 책을 읽거나 글을 쓴다. 뿐만 아니라 다양한 사람과 만나서 새로운 가치관과 사고방식, 정보를 교환하면서 활기찬 나날을 보낸다. 업무 외의 무언가에서 설레는 마음을 느끼다 보면, 어느새 업무에서도 설레는 마음을 느끼게 된다.

회사 밖에서 느끼는 설렘은 회사까지 이어진다. 그러니까 회사에서만 친구를 만들지 말고, 회사 밖에서 인적 네트워크를 형성해서 다양한 활동을 해라.

30 ::전략적 사고를 키우는 **업무의 기술**

리더가 되어라

지금까지 경험한 일 중에서, 일을 하는 데 가장 많은 도움이 된 것이 바로 리더를 맡았던 경험이다.

내 경우에는 초등학교 때 도서 위원장과 미술부 부장 그리고 중학교 때는 수영부 부장을 맡았다. 어릴 때의 경험도 중요하지만, 십대 후반에서 이십 대에 리더를 한 경험은 무엇과도 바꿀 수 없는 재산이 된다. 그 시기에는 아직 경험이나 지식, 자신감이 없기 때문에 사람들을 리드하기가 가장 어려운 때이다.

그러한 시기에 모두가 같은 방향으로 나아가고 단결하며 성과를 낼 수 있게 하는 데는 엄청난 에너지와 능력, 용기가 필요하다. 조직의 규모에 상관없이, 이러한 역할을 제대로 수행하면 크게 성장할 수 있다.

어떤 일에서든 성공하려면 반드시 필요한 조건이 있다. 바로 사람을 관리하는 능력이다. 즉 어떤 회사나 조직에 들어가든지 그곳에는 사람들이 존재하며, 그들과 잘 지내지 못하면 자신의 평가와 가치는 떨어지고 당연히 일에서도 성과를 올릴 수 없다.

학생 시절에 운동부 활동을 한 사람은 회사에서 뛰어난 능력을 발휘한다. 이들을 관찰해보면 공통점을 발견할 수 있다. 우선 운동으로 단련된 강인한 체력과 근성 그리고 운동을 하면서 사람들을 리드하고 단결시키는 방법을 배웠다는 점이다.

"저는 리더의 자질이 없기 때문에 리더가 되라고 하셔도······."

이는 잘못된 생각이다. 리더의 자질이 없기 때문에 더더욱 리더의 경험이 필요하다. 한 번쯤은 직장에서 리더가 되어보기 바란다. 얼마만큼 어렵고, 얼마만큼 성장할 수 있는지 실감하게 될 것이다.

뿐만 아니라 상사를 포함해서 리더를 맡은 모든 사람에 대해 존경하고 감사하는 마음과 기꺼이 협력하겠다는 마음이 생긴다. 매년 신입사원을 맞이하다 보면, 어느 순간 자신이 부서 안에서 가장 높은 지위에 있다는 사실을 깨닫게 된다. 그때는 싫어도 리더가 될 수밖에 없다. 지금부터 리더의 능력을 키우지 않으면, 후배에게 리더 자리를 빼앗기는 일은 시간문제이다.

31 ::전략적 사고를 키우는 **업무의 기술**

매일매일 좌절하라

여기서 한 가지 퀴즈. 다음에 설명하는 두 사람은 누구일까? 우선 첫 번째. 스물두 살 때 사업에 실패하고, 스물세 살 때 지방 의원 선거에서 낙선. 스물네 살 때 또다시 사업에 실패하고, 스물여섯 살 때 사랑하는 연인을 잃었다. 스물일곱 살에는 신경 쇠약에 걸린다. 서른네 살, 서른아홉 살 때 연이어 하원 의원 선거에서 낙선. 마흔여섯 살 때 또다시 상원 의원 선거에서 떨어지고, 마흔일곱 살 때는 부통령 선거에서 패한다. 마흔아홉 살 때 또다시 상원 의원 선거에서 낙선…….

그리고 두 번째. 여섯 살 때 아버지를 여의고, 삼 형제를 돌보며 일을 하는 어머니를 돕기 위해 요리를 시작한다. 스무 살 때 어머니의 재혼을 계기로 집을 나온 후, 기관차 조수와 보험 외판, 선박, 주유소에서 일하는 등 다양한 직업을 전전한다. 삼십 대 후반에 주유소를 경영했지만, 가뭄과 대공황으로 도산. 예순 살 때 레스토랑 사업을 시작하지만, 거액의 빚을 떠안고 실패한 뒤 사회 보험으로 생계를 이어간다. 예순두 살 때 더 많은 빚을 져서, 몇 푼 안 되는 돈으로 또다시 레스토랑 사업을 구상. 예순다섯 살 때 그 레스토랑을 사업화해서 세계 최초로 프랜차이즈 비즈니스를 시작한다.

첫 번째가 후에 16대 미합중국 대통령에 취임한 에이브러햄 링컨, 두 번째는 세계 최대의 프랜차이즈 비즈니스 '켄터키 프라이드 치킨(KFC)'의 창업자 커넬 샌더스다.

이 이야기를 들으면 직장에서 느끼는 좌절 따위는 별것 아니라는 생각이 든다. 사람은 좌절할수록 더욱 발전하는 법이다.

나도 어린 시절부터 좌절의 연속이었다. 수영 선수를 목표로 필사적으로 연습했지만, 키가 자라지 않아 좌절했다. 그 후 국제 경영 컨설턴트가 되겠다는 꿈을 안고 미국의 경영대학원을 일곱 군데나 지원했지만 모두 실패했으며, 가까스로 취직한 국제 회계·경영 컨설팅 회사에 근무하면서 매년 미국 공인 회계사 시험을 봤지만 매번 낙방했다. 끊임없이 좌절했지만, 그 경험이 지금은 큰 재산이 되었다. 좌절한 만큼 컨설턴트로서 발전할 수 있었고, 어떤 어려움이 닥쳐도 극복할 수 있다는 자신감이 생겼다.

32 ::전략적 사고를 키우는 **업무의 기술**

독서를 통해
지혜와 행운을 불러라

    인생을 여러 번 살 수만 있다면 우리가 살아가는 자세는 180도 달라질 것이다. 그러나 인생은 한 번뿐이다. 그 한 번밖에 없는 인생을 어떻게 하면 풍요롭게 살아갈 수 있을까?

    그 힌트는 '독서'에 있다. 소설, 시집, 미스터리, 실용서 등 책에도 다양한 장르가 있지만, 장르에 관계없이 모든 책에는 저자의 인생 경험을 바탕으로 하는 풍부한 지혜가 넘쳐나고 자신의 인생에서는 경험하지 못한 새로운 무언가가 담겨 있다. 따라서 우리는 책을 통해서 여러 가지 다른 인생을 경험할 수 있는 것이다.

    내 취미는 시간이 날 때마다 서점에 들르는 것이다. 현재 벤처 기업 경영자로서 그리고 경영 컨설턴트로서 일주일이 열흘, 하루가 서른 시간으로 느껴질 만큼 바쁜 나날을 보내고 있다. 날짜가 바뀌기 전에 퇴근하는 일은 거의 없지만, 이동하는 시간이나 주말에 잠깐 짬이 나면 서점에 들른다.

    무엇보다도 수많은 책에 둘러싸여 있다는 것에서 행복을 느낀다. 요즘은 일 때문에 비즈니스 코너나 정보 잡지 코너를 주로 둘러본다. 책장을 쓱쓱 넘기면서 넘쳐나는 정보에 빠져드는 것도 가슴 설레는 일이지만, 제목을 훑어보는 것만으로도 업무에 필요한 힌트를 얻을 수 있다. 게다가 의욕까지 생긴다. 그때그때 기분에 따라 몇 권씩 사오는데 이제는 서재가 책으로 가득해졌다. 책은 주로 통근 지하철 안에서 읽는다.

특히 성공한 사람들에 관한 책을 읽는다. 왜냐하면 과거의 사람이든 현재의 사람이든 그 안에 행운을 부르는 키워드가 숨어 있으며, 문장에서 그 열쇠를 찾아내고 내 것으로 만드는 작업이 기쁘기 때문이다.

책을 읽는 것만으로도 저자의 행운이 나에게 전해지는 기분이 든다. 셀 수 없을 만큼 많은 책 중에서 선택한 한 권의 책은 소중한 인연이기 때문이다.

독서를 통해서 주인공이나 저자를 만나고, 그들의 삶을 간접적으로나마 경험하면서 조금이라도 충실한 인생을 보내기 바란다!

33 :: 전략적 사고를 키우는 **업무의 기술**

돈을 좇아가면 돈 때문에 망한다

내가 17년 동안 미국에서 생활하면서 깨달은 점이자, 당신에게 꼭 전하고 싶은 메시지는 '돈을 좇아가면 돈 때문에 망한다.'이다.

지인 중에 금융의 프로라고 불리는 사람이 있다. 그는 스탠포드 대학을 나와서 미국의 하버드 비즈니스 스쿨(경영대학원)을 우수한 성적으로 졸업하고, 일류 증권 회사에 입사했다.

그는 욕심을 내서 신입 사원 시절부터 계속해서 성과를 올렸고, 그에 따라 보수도 점점 많아졌다. 그러나 그는 자신이 회사에 벌어다 주는 액수에 비해 적은 돈을 받는다고 생각해서 더 많은 보수를 주는 투자 은행으로 옮겼다. 거기서도 그럭저럭 성과를 올렸지만, 보수에 만족하지 못하고 또 다른 회사로 옮겨갔다. 이런 상황이 거의 매년 반복되다 보니 '어느 정도 능력은 있지만 돈만 보고 이리저리 옮겨다니는 믿을 수 없는 사람'이라는 평가가 업계에 퍼졌다. 결국 그는 더 이상 옮겨갈 회사도 없었다.

혹시 이와 비슷한 얘기를 들어본 적 없는가?

미국에 있을 때 똑같은 짓을 하던 엘리트들을 파티에서 만난 적이 있다. 얼굴이 탐욕으로 가득해서 업계 사람이라면 누구나 알 수 있었다.

일본에 돌아와서도 비슷한 느낌의 젊은 엘리트들을 만난 적이 있다. 일류 대학을 졸업하고 국내외 일류 비즈니스 스쿨에 자비 또는 회사 파견으로 유학한 후, 능력에 맞는 보수를 받지 못한다는 이유로 더 높은 보수를 좇아 매년 회사를 옮겨다니는 사람들이다.

나는 미국 텍사스 주립대학(댈러스 캠퍼스) 경영대학원(비즈니스 스쿨)에서 7년간 비즈니스 강의를 했다. 그곳의 졸업생들을 보면, 돈을 좇은 사람은 아무리 우수한 인재라고 해도 마지막에는 돈 때문에 쓴맛을 본다.

얼마 전에 만난 어느 회사의 신입 사원은 월급이 고작 몇 만 원 더 많다는 이유로 보람 있는 일을 할 수 있는 회사를 버리고 이름 있는 기업을 선택했다고 당당하게 자랑했다.

하지만 젊을 때는 돈보다 그 일을 얼마나 좋아하며 발전 가능성이 어느 정도인지를 파악한 뒤에 일을 선택해야 하지 않을까?

34 ::전략적 사고를 키우는 **업무의 기술**

어떤 상황에서도 변명하지 마라

사실 변명하지 않고 살아가기란 어렵다. 반대로, 변명하며 살아가는 것은 정말 쉬운 일이다.

약속 시간에 늦었을 때 당신은 어떻게 하는가? 그리고 일에 실패했을 때는 어떻게 하는가? 변명거리를 생각해내는 일은 그리 어렵지 않다. 상대방이 당신의 행동을 전부 파악할 수 없기 때문에 이유는 얼마든지 만들 수 있다.

변명은 '실패를 감추고 자신을 정당화하기 위한 꾀'일 뿐이다. 변명하는 사람에게는 인생을 비겁하게 살아가는 태도가 느껴져서 도저히 그를 신뢰할 수가 없다.

변명하지 않는 것은 자신의 행동에 책임을 진다는 뜻이며, 이것이야말로 진정한 성인이자 사회인으로서 지향해야 할 자세이다.

그러나 안타깝게도 사회에서 변명하지 않는 사람을 만나기는 어렵다. 한편 '실패했을 때는 변명하지 말고 그냥 사과하면 돼. 그러면 용서해줄 거야.' 라는 안이한 태도도 바람직하지 않다. 그렇다면 어떻게 해야 할까?

　변명이 필요한 실패를 하더라도 변명하지 않으면 된다. 즉 당신이 책임질 수 없는 실패는 절대로 하지 않겠다고 결심하고, 최선을 다해서 노력하는 것이다.

　인생은 실패의 연속이다. 나도 지금까지 수많은 실패를 경험하며 살아왔다. 전 세계에서 일류라고 불리는 사람들 중에도 실패를 발판으로 성공한 예가 많다. 즉 성공으로 이어지는 실패는 얼마든지 해도 된다. 그러나 다른 사람에게 피해를 주는 실패, 부주의가 초래하는 실패같이 변명을 필요로 하는 실패는 절대로 하면 안 된다. 그리고 한번 경험한 실패를 다시 반복해서도 안 된다.

　이는 항상 '노력' 하는 자세를 유지하면 실천할 수 있다.

　변명을 하면서 신뢰를 잃어버리는 인생을 살 것인가, 아니면 조금 힘들어도 평소에 노력해서 변명하지 않는 인생을 살 것인가.

　당신은 과연 어느 쪽을 택하겠는가?

35 ::전략적 사고를 키우는 **업무의 기술**

한 번 지적받은 일은
두 번 다시 지적받지 않도록 하라

당신의 직장에는 몇 번이나 지적을 받아도 같은 실패를 반복하는 사람이 없는가?

만약 그런 사람이 있다면, 매우 불성실한 사원이다. 몇 번을 말해도 고치지 않는 것은 지적하는 내용을 진지하게 듣지 않고, 인정하지 않는다는 뜻이기 때문이다.

존경하지 않는 사람의 말에 귀를 기울이는 사람은 거의 없다. 당신의 회사에서도 마찬가지이다. 즉 지적해준 사람을 존경하지 않기 때문에 몇 번 지적을 받아도 같은 실패를 반복하는 것이다. 만약 당신이 상사에게 지적받은 일을 또다시 반복하면, 지적한 상사는 당신이 자신을 존경하지 않는다는 사실을 눈치챌 것이다.

만약 사랑하는 연인이 지적했다면 당신은 어떻게 하겠는가?

"오늘 네가 입은 옷 말인데, 좀 안 어울리는 것 같아."

"오늘 향수 너무 많이 뿌린 거 아냐?"

당신은 '아차!' 하며 두 번 다시 그 옷을 입거나 그 향수를 뿌리는 일은 없을 것이다. 좋아하는 사람이 지적하는 일은 절대로 반복하지 않는다. 상대방이 자신을 싫어하게 될까 두렵기 때문이다.

회사에서 같은 실패를 반복하는 것은 상사가 자신을 싫어하든 말든 전혀 상관없다는 뜻이며, 상사의 신뢰와 기대를 거부한다는 뜻이다. 더군다나 당신의 직장이 서비스업을 전문으로 하는 회사라면, 최악의 결과를 초래할 것이다. 고객 대응에서 같은 지적을 여러 번 받는다는 것은, 고객의 요청에도 즉시 대응할 수 없다는 증거이기 때문에 치명적이다. 원래 서비스업에서는 지적받기 전에 고객의 입장에서 고객이 무엇을 바라는지 파악하고, 적절한 서비스를 제공하는 것이 당연하기 때문이다.

결국 상사에게 미움받기 전에 고객이 먼저 당신을 떠날 것이다.

또한 주변 사람들도 몇 번을 말해도 달라지지 않는 사람에게는 이내 아무 말도 하지 않게 된다. 지적을 받지 않으면 본인은 편하다고 느낄지 모르지만, 그것이 좋은 일인지 나쁜 일인지는 조금만 생각하면 금방 알 수 있다.

돌이킬 수 없는 상황에 이르기 전에 지적받은 일은 즉시 고쳐라.

36 ::전략적 사고를 키우는 **업무의 기술**

약속 시간보다
5분 먼저 도착하라

일에서나 사생활에서 반드시 지켜야 하는 게 있다. 바로 약속 시간이다. 그렇다고 칼같이 정확하게 도착하는 게 아니라 적어도 5분 먼저 도착하라는 것이다.

휴대폰이 보급되면서 시간을 잘 지키지 않는 사람이 많아졌다. 약속 시간에 늦어도 휴대폰으로 연락하면 된다고 생각하는 것일까? 그렇다면 큰 착각이다.

기본적으로는 약속 시간이 '제한 시간'이다. 약속 시간을 지키지 않는 사람은 신용을 잃는다. 반면에 5분 정도 여유를 두고 가면 예기치 못한 일이 발생해도 늦을 염려가 없고, 어떤 일이 일어나도 대응할 시간이 생긴다.

이유는 모르겠지만, 항상 5분 정도 늦게 나타나는 사람이 있었다. 그런데 그와 함께 일하는 사람들은 항상 회의 시간보다 5분 빨리 약속 장소에 도착했고, 결국 10분 넘게 기다리는 일이 계속되었다. 그런 상황이 반복되자, 사람들은 실제 약속 시간보다 5분 빠른 시간을 알려주기 시작했다. 그러자 그는 제시간에 도착했다.

결국 사람들은 "일부러 늦게 오는 거 아냐?" "다른 사람들을 다 기다리게 해서 자기가 제일 높은 사람이라는 걸 확인이라도 시키겠다는 거야?"라는 이상한 불신을 안게 되었다. 나중에는 그와 함께 일하던 사람이 하나둘씩 떠났고, 결국 그의 주변에는 아무도 남지 않았다.

절대로 약속 시간을 어겨서는 안 된다. 비록 상대방이 먼저 와 있다고 해도, 당신이 약속 시간보다 5분 일찍 약속 장소에 도착하면 '남을 배려할 줄 아는 사람'이라고 생각할 것이다. 또, 그만큼 당신을 높게 평가할 것이다.

별것 아닌 것 같지만, 시간에 관한 평가는 의외로 중요하다. 능력보다 더 높게 평가되는 경우도 있다. 적어도 내가 과거에 겪었던 상사들은 시간을 무척 중요하게 여겼고, 나도 언제나 약속 시간을 지켰기 때문에 능력 이상의 평가를 받았다.

5분이라는 짧은 시간으로 당신의 인생이 크게 달라질 수 있다. 딱 5분만 투자하면, 주변 사람에게 좋은 평가를 받을 수 있다.

37 ::전략적 사고를 키우는 **업무의 기술**

다른 사람의 고민을 들어라

나는 다른 사람의 고민을 들어주는 것을 좋아한다. 시간이 날 때마다 다양한 사람과 만나서 이런저런 고민을 들어주는데 이런 습관은 초등학교 때부터 시작되었다. 항상 다른 사람들의 고민을 들어주던 어머니를 따라다니며 옆에서 같이 이야기를 듣다 보니, 어느새 나도 그런 습관이 생긴 것 같다.

다른 사람의 고민을 듣는 것을 좋아하는 이유는, 곤경에 처한 사람을 보면 어떻게 해서든지 도와주고 싶어서이다. 또한 언젠가 나나 가족이 같은 문제로 고민하는 날이 올지도 모른다고 생각하면, 남의 일처럼 느껴지지 않는다. 얼마 전 고민을 들어주던 사람의 문제가 어느새 내 문제가 되어 크게 공감한 적도 있다.

진로를 선택해야 하는, 고등학교 3학년 때, 곤경에 처한 사람의 고민을 들어주고 격려하는 직업이 없을까 진지하게 찾아봤다. 머리가 좋은 편이 아니어서 고도의 학문을 필요로 하는 분야는 제외해놓고, 실천적이면서도 어렵지 않을 것 같은 비즈니스 상담과 관련된 직업을 찾기 시작했다. 결국 현재의 '경영 컨설팅업'을 발견했고, 평생의 직업으로 삼겠다고 결심했다.

비즈니스 분야에 한정되어 있지만, 사람들의 고민을 들어주는 '경영 컨설팅업'을 해오면서 천직이라는 것을 절실히 느낀다.

사람들은 종종 이렇게 말한다. "내 코가 석자인데 다른 사람의 고민까지 들어줄 여유가 어디 있나요?" "경험도 지식도 부족한 제가 어떻게 다른 사람의 고민을 들어주고 격려할 수 있겠습니까?"

물론 이 말에도 일리가 있다. 그러나 이는 진심으로 다른 사람의 고민을 들어준 적 없는 사람들의 변명이다. 사랑하는 이가 고민에 빠졌다고 생각해보라. 나이나 경험, 지식에 상관없이 그 사람의 고민을 들어주고 필사적으로 해결책을 모색할 것이다. 다른 사람의 고민을 들어주는 데 나이나 경험, 지식 따위는 필요 없다. 물론 있으면 좋지만 정말 중요한 것은 그 사람을 걱정하고 어떻게든 도와주고 싶어하는 진심 어린 마음이다.

다른 사람의 고민을 듣다 보면, 좋은 인생 공부를 할 수 있고 엄청난 에너지가 샘솟는다.

38 :: 전략적 사고를 키우는 **업무의 기술**

매일매일 5분씩
외국어 공부를 하라

어느 벤처 기업의 입사식에서 사장이 말했다.

"앞으로 비즈니스의 세계는 점점 국경이 사라질 것입니다. 그렇기 때문에 외국어, 특히 영어를 하지 못하면 수많은 기회를 놓치게 됩니다! 저도 아직 잘하지는 못하지만, 매일매일 출퇴근할 때 짬짬이 차 안에서 영어 공부를 하고 있습니다. 여러분도 포기하지 말고 도전하기 바랍니다!"

100% 동감이다. 나는 5년 전부터 주식회사 이토엔 사원들의 능력 개발을 목적으로 창설된 기업 내 대학 '이토엔 대학'에서 '국제 비즈니스 코스' 강의를 맡고 있다. 국제 무대에서 활약하기를 꿈꾸는 전국의 젊은 사원들이 1년에 두 차례 이틀간 특별 훈련을 지원한다. 강의는 100% 영어로만 진행되기 때문에 항상 다음과 같은 질문을 받는다.

"매일매일 아침부터 밤늦게까지 살인적인 일정에 따라서 일을 합니다. 해외에서 일하고 싶지만, 영어는 안 되고 공부할 시간도 없습니다. 어떻게 하면 영어를 잘할 수 있을까요?"

영어를 싫어하는 사람이 영어 공부를 하기란 쉽지 않다. 하물며 시간까지 없는 사람이 유창하게 영어를 말하는 것은 거의 불가능에 가깝다. 나도 고등학교 시절에는 영어를 너무 못해서 계속 낙제 점수를 받았다. 영어를 어찌나 못했는지 영어를 담당하던 담임 선생님이 도저히 안 되겠다며 3학년 여름에 한 달간 미국에서 홈스테이를 하게 해줬다. 그때부터 영어는 나에게 친숙한 언어, 일본어보다도 재미있는 언어가 되었다.

그렇게 해서 가장 싫어하던 영어를 짧은 시간 안에 습득할 수 있는 방법을 내 나름대로 찾았다.

일단 조금씩이라도 매일매일 재미있게 공부하는 것이 중요하다. 영화를 좋아하면 영화에 나오는 대사를 반복해서 외우고, 노래를 좋아하면 매일매일 좋아하는 노래를 부르면서 가사를 외우면 된다.

그 당시 나는 돈이 없어서 라디오나 TV에서 하는 영어 회화 프로그램을 매일매일 거르지 않고 보고 들으면서, 영어 문장을 노래하듯 즐겁게 반복했다. 다른 공부도 마찬가지지만, '꾸준히' 지속하는 것이 중요하다.

39 ::전략적 사고를 키우는 **업무의 기술**

말하기 전에 한 번 더 생각하라

'엎질러진 물은 주워 담을 수 없다'는 속담이 있다. 돌이킬 수 없는 실수를 가리키는 말이다.

돌이킬 수 없는 실수는 대부분 입에서 시작된다. '입이 화근'이라는 말처럼 말이 초래한 실수는 절대로 돌이킬 수 없다. 말은 일단 입에서 나오면 사라지는 것처럼 보이지만, 상대방의 마음에 깊이 박힌다. 종이에 쓴 글은 태우거나 찢어버릴 수 있다. 그러나 입에서 나온 말은 절대로 사라지지 않는다. 비록 상대방의 귀에 들어가지 않았다고 해도, 요즘처럼 녹음 기술이 뛰어난 시대에 그런 얘기를 한 적이 없다는 변명 따위는 통하지 않는다.

망언 때문에 도대체 몇 명의 정치가가 사임의 위기에 몰렸던가.

또한 전 세계에서 빈축을 산 정치가의 발언은 일일이 헤아릴 수 없을 정도이다. 자신도 모르게 내뱉은 말 한마디 때문에 신용도 잃고 직장도 잃고, 결국에는 가족에게까지 버림받은 사람도 있다. '주의하라!'는 말밖에는 더 할 말이 없다.

가족이나 허물없는 친구에게는 사소한 말실수를 해도 대개 용서하고 넘어가지만, 직장에서나 고객에게 한 말실수는 생각지도 않은 결과를 초래한다.

한번 내뱉은 말은 다시 주워담을 수 없기 때문에 아무리 용서를 빌어도 '이 사람은 이렇게 생각하고 있었구나!' 하며 상대방의 충격은 사라지지 않는다. 결국 어색한 관계가 이어질 뿐 수습할 방법은 없다.

아무리 가족 간이라고 해도 말을 할 때는 충분히 조심할 필요가 있다. 부부 간의 사소한 말실수도 상대방에게는 큰 상처가 될 수 있다. 오랜 세월 함께한 부부도, 피가 섞이지 않은 사람들이 애정이라는 순수한 감정으로 맺어진 관계이다. 그만큼 사랑하는 사람의 한마디가 지니는 무게는 결코 가볍지 않다.

한편 부모 자식 관계는 부부 관계 이상으로 끊으려야 끊을 수 없는 관계이기 때문에 말 한 마디를 할 때도 조심하고 또 조심해야 한다. 가정은 처음으로 인간관계를 배우는 곳이라는 점을 명심하라.

40 ::전략적 사고를 키우는 **업무의 기술**

세미나와 이벤트가 있으면 전부 참석하라

긴 것 같으면서도 짧은 게 인생이다. 아등바등 살아봤자 백 살 전후. 그 시간 동안 의미 있는 만남은 과연 몇 번이나 있을까? 경영 컨설턴트라는 직업상 종종 다음과 같은 질문을 받는다.

"자신을 발전시키려면 어떻게 해야 할까요?"

"효과적인 자기 계발 방법에는 어떤 것이 있을까요?"

"능력을 향상시키려면 어떻게 해야 할까요?"

나에게는 두 가지 특효약이 있다. 우선 닥치는 대로 책을 읽는 것이다. 이 방법은 대부분의 사람이 실천하고 있을 거라고 생각한다. 또 한 가지는 세미나와 이벤트가 있으면 전부 참석하는 것이다. 여기에는 시간과 돈 그리고 실제로 그 자리에 가서 이해하기 위한 노력이 필요하기 때문에 실천하는 사람이 그리 많지 않은 편이다.

학창 시절 열등생이었음에도 불구하고, 고등학교를 졸업하기 직전에 국제 경영 컨설턴트가 되겠다고 결심했다. 그래서 그 직업에 걸맞은 인간성을 갖추고, 능력을 향상시키는 데 도움이 되는 세미나나 이벤트는 닥치는 대로 찾아다녔다.

영어도 못하면서 언젠가 유창하게 말하고 싶다는 바람을 안고, 미국의 일류 주간지 '타임'을 교재로 사용하는 '속독 영어' 강좌를 3개월 동안 수강한 적도 있다. 비록 강의 내용은 전혀 이해하지 못했지만, '언젠가 이런 강좌를 가르치는 강사가 될 수 있을 만큼 지식과 영어 능력을 쌓고 말겠어!'라고 굳게 결심했다.

그로부터 26년. 그 강좌를 수강하던 당시의 굴욕을 발판으로, 미국에 건너가서 필사적으로 공부했다. 그리고 미국 경영대학원에서 영어로 비즈니스를 가르치게 되었다.

모든 것은 '속독 영어' 강좌를 수강하면서 시작되었다. 혼자서 책을 읽고 이해하는 데 오랜 시간이 걸리는 내용도 강사에게 직접 배우면 금세 이해할 수 있다. 현재 매주 세미나에서 강연을 하고 있는데, 학생이나 젊은 사원들이 땀을 뻘뻘 흘리면서 강의를 듣는 모습을 보면 예전의 내 모습이 떠오르곤 한다.

일류 경영자 중에도 세미나와 이벤트에 참가해서 많은 것을 깨닫고, 성공한 인생을 사는 사람이 많다.

41 ::전략적 사고를 키우는 **업무의 기술**

매일 아침 경제 신문을 읽어라

얼마 전 강연회에서 매일 아침 경제 신문을 읽는지 물었더니, 절반 이상이 읽지 않는다고 대답해 깜짝 놀랐다. 더욱 충격적인 것은 그들 대부분이 신입 사원과 젊은 사원이라는 점이었다.

내가 신입 사원이었을 때는 세계의 경제를 이해하고 경제의 움직임에 따라가려고 매일 아침 경제 신문을 구석구석까지 철저하게 읽었다. 그러나 왜 기사에 나온 일들이 발생하는지, 세부적인 내용까지는 이해하지 못했기 때문에 늘 자신의 부족한 지식과 이해력에 초조함을 느끼곤 했다.

고문을 맡은 회사에서 조례나 회의 시간에 조금이라도 전문적인 얘기가 나오면 딴 나라에 온 것 같은 표정을 짓는 젊은 사원들을 본다. 신경이 쓰여서 질문하면 역시나 대답하지 못한다. 내가 한심하다는 반응을 보이면, 창피해하기는커녕 '가르쳐주는 사람이 없으니까 당연한 것 아냐!'라고 말하는 듯한 표정을 짓는다. 지나치다 싶을 때는 "오늘 아침 신문에 실린 기사 내용인데 몰랐나요? 그리고 신문을 읽지 않았다고 해도 상식 아닌가요?"라며 대놓고 말하고 싶은 마음이 굴뚝같지만, 꾹꾹 눌러 참는다.

　참고로 미국의 엘리트 비즈니스맨은 나이에 상관없이 매일 아침 반드시 경제 신문을 정독한다. 내가 신입 사원이었을 때 미국인 상사가 매일 아침 경제 신문을 여섯 부나 읽는다는 얘기를 듣고 나서 허둥지둥 똑같이 여섯 부를 구독하기 시작했고, 여기에 일본 경제 신문까지 두 부 더 신청해서 정보를 얻으려고 필사적으로 노력했다. 그 습관은 일본에 돌아오고 나서도 지속되어, 지금도 매일 아침 일본 경제 신문을 비롯해서 총 여덟 부의 신문을 읽고 있다. 회사에 도착할 때까지 신문을 다 읽기 위해 출근할 때는 운전하지 않는다.

　장래에 회사를 짊어질 젊은 사원들이 기초 정보원인 경제 신문을 읽지 않으면 패자가 된다. 신입 사원은 회사에 적응하는 것만으로도 힘들겠지만, 그래도 경제 신문을 읽지 않으면 비즈니스 세계에서 결코 살아남지 못한다.

42 ::전략적 사고를 키우는 **업무의 기술**

항상 긍정적인 농담을 하라

　미국에 가기 전만 해도 나는 지나치게 성실하고 농담 한 마디 할 줄 모르는 재미없는 사람이었다. 그러다 갑자기 미국에 가게 되었는데, 그때 어머니가 "진정한 남자가 돼서 돌아와라!" "유머 감각을 익혀서 돌아와라!" 등 무리한 요구를 했다. 나는 "예? 22년이나 이렇게 살다가 외국 한번 갔다 온다고 성격이 그렇게 쉽게 바뀌나요?"라고 말하고는 반쯤 포기한 상태로 떠났다.

　그런데 정작 미국에서 생활하다 보니, 천성적으로 유쾌한 미국인의 영향을 받아서 굉장히 유쾌한 사람이 돼버렸다. 결국 유일한 장점이었던 A형 특유의 꼼꼼한 성격이 O형 중심의 사회인 미국에 동화되어, 좋은 건지 나쁜 건지 모르겠지만 털털하다 못해 칠칠맞은 성격으로 바뀌고 말았다.

　원래 '좀팽이' 같은 성격이 싫어서 어떻게 하면 고칠 수 있는지 고민이었는데 바뀐 내 성격이 무척 마음에 들었다.

　미국에 건너간 지 10년 정도 지났을 무렵, 어느새 나는 유쾌한 사람이 되어 있었다. 이 변화를 처음 느낀 것은 국제 회계·경영 컨설팅 회사에 근무하던 무렵이었다. 당시에 마감에 쫓기면서 한 치의 실수도 용납되지 않는 부담감과 싸우며 하루하루를 보내고 있었는데, 웬일인지 전혀 스트레스가 쌓이지 않았고 오히려 기운이 넘쳤다. 주변 사람들은 극도의 스트레스를 감당하지 못하고 결국에는 폭발해서 어느 날 갑자기 병에 걸리거나 무단결근을 하고, 최악의 경우에는 행방불명이 되는 등 매주 사건이 끊이지 않았다.

나는 그 무렵 낮에는 회사에서 일을 하고, 밤에는 경영대학원에서 강의를 하면서 박사 과정 수업을 듣는 등 살인적인 일정을 소화해내고 있었다.

조금만 방심하면 머리가 어떻게 돼버릴 정도로 긴장감 넘치는 환경에서도 매일매일 편안한 마음으로 즐겁게 공부와 일을 병행했다. 내가 어떻게 그렇게 할 수 있었는지 지금도 잘 모르겠다. 그러나 단 한 가지, 긴장하거나 궁지에 몰리면 긍정적인 농담이 자연스럽게 나와서 딱딱한 분위기를 누그러뜨리곤 했다. 그렇게 하다 보니 의욕이 생겼다.

긍정적인 농담은 어려운 상황에 직면했을 때 사람들을 하나로 모아주는 역할도 한다.

43 ::전략적 사고를 키우는 **업무의 기술**

부탁받은 일은 즉시 처리하라

"니시무라, 저번주에 말한 오키 상사 사장님과의 약속 어떻게 됐나?"

"아! 그게……. 다음 날 오키 사장님께 전화 드렸더니 안 계셔서, 일단 비서에게 전화 왔었다는 얘기만 전해달라고 했습니다."

"뭐! 그럼 그 후에 다시 연락하지 않았다는 얘긴가?"

"아니, 다시 전화를 드렸는데 또 안 계셔서……."

"결국 아직 약속을 잡지 못했다는 얘기군!"

"네. 약속 잡는 데 시간이 좀 걸릴 것 같습니다만……."

"잠깐! 내가 오키 사장님과 통화하고 바로 자네에게 부탁하지 않았나! 왜 그 즉시 비서에게 전화해서 약속을 잡지 않았지? 그때 전화했더라면 금방 약속을 잡을 수 있었지 않나!"

"죄송합니다. 그렇게 급한 일인 줄 몰라서……."

"평소에도 얘기하지 않나. 고객과의 약속은 무엇보다 중요하다고 말이네. 지금까지 뭘 들은 건가? 됐어! 자네에게는 뭘 못 맡기겠군! 앞으로는 일 처리가 빠른 요코야마에게 맡기겠네."

"과장님, 다음부터 조심하겠습니다. 그러니까⋯⋯."

이제 니시무라 씨에게는 기회가 주어지지 않을 것이다. 이런 상황은 정말 자주 발생한다. 예로부터 '급한 일은 가장 바쁜 사람에게 부탁하라'는 말이 있다. 바쁜 사람은 자꾸 할 일이 생기기 때문에 부탁받은 일을 빨리 처리할 수밖에 없다.

반면에 한가한 사람이나 일을 못하는 사람은 행동이 느린 데다 나중으로 미루는 경향이 있다. 그러고는 잊어버리거나 더 급한 일 때문에 손을 대지 못한다. 결과적으로 기회를 놓치게 된다.

직장에서는 전쟁 같은 하루하루를 보낸다. 그러므로 부탁을 받으면 그 즉시 전화하는 등 바로바로 처리하려고 노력하라. 만약 그 자리에서 처리하지 못할 경우, 나중에라도 반드시 처리할 수 있도록 비서에게 지시해서 어떻게든 해결하자.

부탁받은 일을 수행하지 못하면, 지금까지 쌓은 신용은 모두 물거품이 될 것이다.

44 :: 전략적 사고를 키우는 **업무의 기술**

말보다는
행동과 결과를 믿어라

"과장님, 이번에는 인터넷으로 타깃을 좁혀서 집중적으로 홍보를 하면, 단기간에 많은 티켓을 팔 수 있을 것 같습니다."

"많이 팔 수 있다니, 어느 정도 말인가?"

"아마 5만 명 이상은 되지 않을까요?"

"아마? 타깃을 어떤 식으로 좁힐 생각인가?"

"아직 구체적으로 정한 건 없지만, 일단 리스트를 입수하는 게 좋을 것 같습니다."

"그렇다면 어떤 리스트를 어떻게 입수할 건가?"

"죄송합니다. 지금부터 조사하려고요. 하지만 괜찮습니다!"

"뭐야, 아직 아이디어 단계야?"

"네. 하지만 어떻게든 될 겁니다."

"어떻게든 되다니, 무슨 근거로 그런 말을 하나?"

"아직 근거는 없지만, 이곳저곳 찾다 보면 반드시 좋은 결과가 나올 겁니다."

"이곳저곳이라니, 어디를 말하는 건가?"

"제휴처가 될 만한 기업 말입니다."

"됐어! 자네는 왜 항상 말뿐인가……. 이렇다 할 성과를 낸 적이 한 번도 없지 않나! 실적도 없는 주제에 뭘 믿고 자신만만한 거야?"

'꼭 해내겠습니다', '괜찮습니다' 라고 당당하게 말하는 사람이 종종 있는데, 결과가 나올 때까지는 그런 말을 믿어서는 안 된다. 그 말이 진짜인지 아닌지는 그 사람의 행동을 보면 알 수 있다.

정말 말하는 대로 할 수 있다면, 세부적인 뒷받침이나 근거가 되는 정보를 제시할 수 있어야 한다. 만약 이렇다 할 정보가 없다면, '근거 없는 자신감'에 불과하기 때문에 절대로 믿어서는 안 된다. 책임자가 그런 말만 믿고 일을 진행시켰다가는 나중에 쓰디쓴 실패를 맛보게 될 것이다.

어떤 기획을 제안할 때는 말한 내용이 실현되는지 여부에 따라 그 사람의 진가가 평가된다는 점을 명심하고, 항상 '유언실행(有言實行, 말한 것은 반드시 실행함-역주)'의 자세를 유지해야 한다.

45 ::전략적 사고를 키우는 **업무의 기술**

누구에게나 공평하게 대하라

당신은 상대방의 지위에 상관없이 상사나 동료, 후배 등 누구에게나 똑같은 태도로 대하는가? 상사에게 인사를 할 때나 후배에게 인사를 할 때 똑같은 태도를 유지하는가? 사실 이것은 매우 어려운 일이다.

지위가 높은 간부에게는 자신도 모르게 목소리가 커지고 머리도 더 깊이 숙이는 반면, 후배에게는 지나가는 말로 가볍게 인사하고 머리도 살짝 숙이는 정도에 그칠 것이다.

내가 오랫동안 미국에서 생활하면서 느낀 미국인의 장점 중 하나는 누구에게나 공평하게 대한다는 것이다. 모순되는 말처럼 들리겠지만, 미국에는 다양한 민족과 다양한 인종의 사람이 모여 있기 때문에 아직 인종 차별이 남아 있는 것도 사실이다.

그러나 한편으로는 다민족이 충돌하는 일 없이 사이좋게 지내기 위해 필요한 평등 의식이 매우 높으며, 평소에 사람을 대할 때도 매우 주의를 기울인다.

누구에게나 친절하며 상사에게도 '밥', '캐시' 등 이름으로 부르는 등 부하 직원이나 가족을 대할 때와 크게 다르지 않다. 물론 피부색이나 직업에 따라서 태도를 바꾸는 일도 거의 없다(그래도 아첨꾼은 있다).

반면에 우리는 어떤가?

우리는 단일 민족 국가이기 때문에 인종 차별을 할 일은 없지만, 그 대신 지위나 성별, 직업 등에 따라 차별하는 일이 많지 않은가.

상사에게는 공손하게 대하는 반면 부하 직원은 함부로 대한다. 그리고 매일 사무실을 청소하는 아주머니들은 어떻게 대하고 있을까?

모든 이를 공평하게 대하는 사람은 누구에게나 존경받는다.

지위에 상관없이 상대방을 인정하고 존중하는 '관용 정신'은 국경이 점점 사라지는 나양화 시대에 반드시 필요한 덕목이다.

46 ::전략적 사고를 키우는 **업무의 기술**

부하 직원을 도와줘라

우리 회사에서는 소수의 사람이 다양한 업무를 담당한다. 소수 정예를 지향하는 벤처 기업이라 많은 사원을 고용하지 않는다. 소수의 사원만 있으면 좋은 점도 많다.

① 모든 사원이 정신없이 바쁘게 움직이지만, 그만큼 충실한 하루를 보낸다.

② 상사에게 의지하지 않고, 스스로 책임을 진다는 각오로 일하기 때문에 발전할 수 있다.

③ 업무 분담도 중요하지만, 그보다는 협력이 더욱 중요해진다.

④ 한 사람이 다양한 업무를 처리하기 때문에 대기업보다 많은 경험을 쌓을 수 있다.

나는 전체적으로 책임을 지는 사장 지위에 있지만, 자리에 가만히 앉아 있을 시간이 거의 없다. 사원들에게 바라는 점도 자신이 사장이라는 생각을 가지고 가능한 한 스스로 판단하고 실행하는 것뿐이다.

한편 상사에게 아무것도 묻지 않고 혼자서 판단했다가 크게 실패하는 경우도 있다. 그렇다면 과연 어떻게 해야 할까? 이는 모든 사원이 고민하는 부분이다. 가능한 한 스스로 책임을 진다는 생각으로 일을 해야 한다. 단, 판단하기 어려운 부분에 대해서는 아무리 사소한 것이라도 주저하지 말고 상사에게 도움을 청해서 지혜와 힘을 빌리는 것이 바람직하다. 순간의 실수가 큰 실패로 이어지고, 그 실패를 수습하려면 엄청난 시간과 돈이 들어가는 것은 물론 다른 사원들에게까지 피해를 주기 때문이다.

나는 일단 사원에게 모든 것을 맡기되, 최종적인 책임은 모두 상사가 지도록 하고 있다. 아무리 바빠도 최대한 사원들의 고민을 들어주고 도와주려고 노력한다. 현재의 상사도 예전에는 부하 직원이던 시절이 있기 때문에 그들의 마음은 누구보다도 잘 알 것이다.

회사는 모든 사원이 한마음이 되어 공통의 목표를 달성하려고 나아가는 공간이자 일종의 전쟁터이다. 상사는 부하 직원을 지키고 부하 직원은 상사를 따른다. 경쟁 사회에서 살아남으려면, 상사와 부하 직원이 신뢰를 바탕으로 힘을 모아 업무에 매진해야 한다.

47 ∷ 전략적 사고를 키우는 **업무의 기술**

항상 미소를 지어라

내가 미국에서 국제 회계·경영 컨설팅 회사에 근무하던 당시, 함께 일하던 일본인 비서가 있었다. 어떤 일을 부탁하면 아주 먼 훗날까지 고려해서 일을 하는 유능한 비서여서, 덕분에 정말 편하게 일할 수 있었다. 지금까지 함께 일한 비서 중에서는 현재의 비서와 더불어 단연 최고였다.

그녀는 아무리 어려운 일을 시켜도 항상 웃는 얼굴로 처리했다. 심지어 그녀의 능력으로는 어려울 것 같은 까다로운 서류도 금세 훌륭하게 완성했다. 시킨 일을 하지 못한 경우는 단 한 번도 없었다. 끊임없이 노력하고 항상 긍정적인 자세를 잃지 않는 그녀를 보고 있노라면, 감탄이 절로 나왔다.

그 후 나는 회사를 나와서 독립했고, 그녀는 다른 회사로 옮겨 갔다. 새로운 회사에서도 그녀는 천성적으로 밝은 성격과 끊임없는 노력으로 경력을 쌓았고, 이를 인정받아 지금은 일본 계열의 일류 상사에서 없어서는 안 될 존재가 되었다. 항상 미소 짓는 사람은 누구에게나 사랑받고 행운이 따른다는 사실을 실감했다.

어떤 경우에도 미소를 지을 수 있다는 것은 항상 긍정적으로 생각하고 어떤 어려움에도 굴하지 않는 강인함을 가지고 있다는 증거이다. 또한 열린 마음으로 사람들을 대하기 때문에 행운까지 불러온다. 반대로 뚱한 표정을 짓는 사람은 다른 사람들에게 사랑받지도 못하고, 그런 사람에게는 아무도 부탁하지 않는다. 게다가 마음이 닫혀 있기 때문에 행운이 들어올 자리도 없고, 당연히 부탁한 일에서도 만족할 만한 결과가 나오지 않는다.

직장은 전쟁터나 다름없기 때문에 하루하루가 변화의 연속이다. 고객을 만족시키기 위해 싸우는 동시에 적과의 공방전도 치러야 한다. 이런 상황이 계속되다 보면 처음에는 감정 기복이 심해지고, 결국에는 감정이 메말라간다. 이런 곳에 언제나 상쾌한 미소를 잃지 않는 사람이 있다면, 분위기도 부드러워지고 의욕도 생기며 모두 한마음이 될 수 있을 것이다!

미소는 사람의 마음을 치유하고 격려하는 마법과 같다.

당신도 직장의 구세주, '미소를 잃지 않는 사람'이 되기 바란다.

48 :: 전략적 사고를 키우는 **업무의 기술**

정기적으로 기획서나 제안서를
상사에게 제출하라

"믿지 않으시겠지만, 예전부터 공들여 작성해온 신규 사업안을 회사에 제출했더니 덜컥 채택된 거 있죠. 게다가 그 사업안 때문에 새로운 부서가 만들어진 데다 사업안을 구상했다는 이유로 제가 그 부서의 책임자로 발탁됐어요. 더욱 놀라운 사실은 그 부서에서 부하 직원으로 들어온 사람들이 3년 전 제가 신입 사원이었을 때 상사로 모시던 분들이라는 거예요!"

전문대를 졸업한 후 대형 보험 회사에 취직한 그녀는 어떻게 하면 회사가 더욱 좋아질 수 있을지 끊임없이 고민해왔다. 그리고 새로운 생각이나 아이디어가 떠오르면, 기획서나 제안서를 작성해서 정기적으로 상사에게 보여주곤 했다.

"오~ 놀라운걸. 바쁜데도 신규 사업안까지 제출하고 말이야……. 하지만 우리 회사에서 이 사업안은 조금 어렵지 않을까……. 비용 대비 효과가 좋지 않은 것 같아."

처음에 상사는 이렇게 말했다. 그래도 그녀는 포기하지 않고 아이디어가 떠오를 때마다 기획서나 제안서를 작성해서 회사에 제출했다. 그러나 설마 자신의 기획안이 정말로 채택될 거라고는 꿈에도 생각하지 않았다.

사실 회사가 입사한 지 3년밖에 안 된 그녀의 기획안을 채택한 이유는 기획안 자체가 뛰어나서만이 아니었다. 아무리 어려운 업무에도 항상 긍정적인 자세로 노력하는 그녀는 사내에서 모범적인 존재였다. 결국 그녀에 관한 소문은 사장의 귀에까지 들어갔고, 이렇게 파격적인 승진까지 하게 되었다.

회사나 상사는 아무리 경력이 짧아도 회사를 위해 고민하고 현실적인 제인을 하는 의욕 있는 사원을 높게 평가한다. 새로운 제안을 하는 것은 진심으로 회사를 생각한다는 증거이기 때문이다.

회사를 위해서 기획서나 제안서를 제출하는 데에는 경험이나 지식, 나이, 성별, 부서, 직책 등은 관계없다. 얼마만큼 진심으로 회사를 생각하고 일을 하는지가 중요하다. 지시받은 일이나 꼭 해야 할 일은 회사에서 월급을 받는 사람이라면 누구든지 하기 때문이다.

49 :: 전략적 사고를 키우는 **업무의 기술**

한 번 얻어먹으면
다음에는 당신이 사라

"여긴 됐어. 내가 낼 테니까……."

"정말이요? 저번에도 선배님이 사주셨는데."

"괜찮아. 너보다 월급도 많이 받고 있으니까……. 그 대신 열심히 일해야 해."

"매번 죄송합니다! 다음에는 꼭 제가 사겠습니다."

신입 사원 시절에는 상사나 선배에게 얻어먹는 일이 많을 것이다. 신입인 데다 월급도 적기 때문에 어떻게 보면 당연하다고 생각할 수도 있다. 그렇다고 매번 얻어먹기만 하는 것은 매너가 아니다. 물론 신입보다는 선배나 상사가 월급을 많이 받겠지만, 그만큼 쓰는 돈도 많을 것이다. 특히 가족이 있는 경우라면, 부인이나 아이에게 들어가는 돈도 있기 때문에 자신을 위해 쓸 수 있는 돈은 그리 많지 않다. 오히려 자유롭게 쓸 수 있는 돈은 독신인 당신 쪽이 많을지도 모른다. 그러니까 가끔은 감사의 뜻으로 월급날이나 보너스가 나왔을 때 한턱내는 건 어떨까? 그러면 선배나 상사는 "젊은 녀석이 센스 있군. 나중에 훌륭한 리더가 될 거야……."라며 좋게 평가할 것이다.

단, 상사나 선배 중에는 신입 사원이나 후배가 계산하는 꼴을 죽어도 못 보는 사람이 있다. 그런 경우에는 생일처럼 특별한 날에 작은 선물을 하는 것도 좋다. 감사하는 마음만 담겨 있으면 된다.

중요한 것은 감사하는 마음이지, 결코 돈이나 물건이 아니다. 또, 상사나 선배가 식사나 술자리에 부르는 것은 당신과 허심탄회하게 이야기하고 싶고, 당신을 높이 평가하고 있다는 뜻이다.

열심히 일하는 모습을 보여주면서 그 기대에 부응하고, 기회가 있을 때 작은 선물을 하면서 감사의 뜻을 전하라. 상사나 선배는 그런 당신을 더욱 좋아하고 응원할 것이다. 얻어먹는 것이 당연하다고 생각하면 절대로 안 된다. 얻어먹는 데 익숙해진 젊은 여성도 마찬가지이다. 일로 만난 사람들끼리는 상부상조해야 한다.

너무 자주 사주는 상사나 선배에게는 매번 얻어먹으면 미안해서 마음이 편치 않다고 말한 다음에 더치페이를 하는 것이 오랫동안 좋은 관계를 유지할 수 있는 방법이다.

50 ::전략적 사고를 키우는 **업무의 기술**

메모광이 되어라

"후지사와, 얼마 전에 자네가 말한 신제품 카피, 그게 뭐였지?"

"네? 언제 말입니까?"

"요전에 교토 출장 갔다가 돌아오는 길에 고속철 안에서 갑자기 말했잖아! 그거 말이야, 그거……. 벌써 잊어버렸나?"

"아~ 뭐였죠? 죄송합니다. 그때, 갑자기 떠올랐던 거라 지금은 생각이 안 나는데……."

"잊어버릴 것 같으면 메모를 해놓아야 될 것 아니야!"

"죄송합니다. 그렇게 마음에 들어 하실 줄 모르고……."

"자네는 신입 주제에 왜 만날 그런 식인가! 중요한 사항은 항상 메모해둬야지! 기본적인 자세가 안 돼 있어!"

상사의 지적대로 아직 회사나 업무에 익숙하지 않은 신입 사원이나 젊은 사원이 중요한 사항을 메모하지 않는 모습을 보면, 말도 섞기 싫어진다. 말하는 순간 잊어버릴 게 뻔하기 때문이다. 한 번쯤은 그냥 넘어가 줄 수도 있지만, 몇 번이고 계속되다 보면 그 사람과는 같이 일하고 싶은 마음이 사라진다.

국적과 나이에 관계없이 프로에게는 몇 가지 공통점이 있다. 첫 번째는 '메모광'이라는 점이다. 아무리 머리가 좋고 기억력이 좋다고 해도 중요한 사항은 반드시 메모한다. 중요한 지위에 있는 바쁜 사람일수록 더욱 메모를 한다.

미국에서 국제 회계·경영 컨설팅 회사에 막 입사했을 무렵, 연수에서 몇 번이나 똑같은 말을 들었다.

"일단 중요한 사항은 '다큐멘테이션' 하라."

처음에는 '다큐멘테이션'이라는 말이 정확히 어떤 뜻인지 몰랐지만, 선배가 적어놓은 것을 읽고 깨달았다. 누가 봐도 어떤 내용인지 알 수 있는 메모를 말하는 것이었다. 누구라도 그 메모를 읽으면, 클라이언트에 관한 모든 것을 알 수 있도록 잘 정리되어 있었다. 내용은 '길든 짧든' 상관없다.

메모라고 하면 별것 아닌 것처럼 느낄 수도 있지만, 그때 처음으로 메모의 위력을 실감했다.

51 ::전략적 사고를 키우는 **업무의 기술**

자연스럽게 발돋움하라

'지나쳐도 안 되고 모자라도 안 된다.'

예전에 상식으로 여겨지던 샐러리맨의 철칙이다.

당시 일본 경제는 더는 발전할 수 없을 만큼 호황기였다. 그러나 지금은 성과를 올리려고 최선을 다해서 노력하지 않으면 안 된다. 드디어 일본에도 본격적인 프로의 시대가 도래하고 있는 것이다.

즉 실력주의, 성과주의 시대이다. 지금까지는 여러 가지 업무를 적당히 소화할 수 있는 사람이라면 누구라도 대기업이나 중견기업의 사장이 될 수 있었다. 그럭저럭 유능하면, 경영자는 누가 맡아도 거기서 거기였다.

그러나 앞으로는 닛산자동차의 카를로스 곤(Carlos Ghosn) 씨처럼 특출하게 유능한 사람이 아니면, 회사는 유지될 수 없다. 야마이치증권, 다이에, 야오한, 일본장기신용은행 등 예를 들자면 한도 끝도 없다. 이처럼 일본에서도 프로가 경영을 하지 않으면, 회사는 제대로 굴러가지 않는다. 기존의 매출·시장 확대주의 경영이 아니라 이익률과 캐시

플로(cash flow, 현금 흐름-역주), 나아가 주주에 대한 이익 환원을 중시하는 경영이 필수가 되었기 때문이다. 이것은 자본주의 경제의 기본적인 원리로써, 과거의 잘못된 일본 경제가 국제 사회, 특히 선진국으로부터 독립했음을 의미한다.

기업에서 지위에 따라 조직이 형성되는 형식적인 경영의 시대는 끝났다. 앞으로는 프로로서 무엇을 할 수 있는지에 따라 조직 내에서 그 사람의 역할과 존재 가치, 나아가 존속 여부가 결정된다. 이제 기업은 어떻게 보면 당연한 프로 집단화의 길로 나아가기 시작했다.

평사원부터 사장에 이르기까지 한 사람 한 사람이 프로로서 효율적으로 일하지 않으면, 경쟁력을 갖춘 승자 기업이 될 수 없을 뿐만 아니라 업계에서 살아남을 수조차 없다.

프로는 '자연스럽게 발돋움하는 사람'이다. 지나치면 오히려 스트레스가 쌓여서 오래 지속할 수 없고, 자신의 한계에 도전하지 않으면 능력을 높일 수 없다. 굳이 의식하지 않아도 항상 자신의 한계에 도전하는 사람이야말로 프로라고 할 수 있다.

52 ::전략적 사고를 키우는 **업무의 기술**

프로 의식을 가지고 일하라

① 일에 인생을 거는 사람

② 불가능을 가능으로 만들기 위해 끊임없이 노력하는 사람

③ 자신의 일에 자부심을 가지면서도 겸손한 사람

④ 현재를 파악하고 미래를 내다보며 일하는 사람

⑤ 마감을 맞추기 위해서가 아니라 목표를 달성하기 위해 일하는 사람

⑥ 높은 뜻과 이념, 목표를 향해 매진하는 사람

⑦ 결과에 대해 책임을 지는 사람

⑧ 성과에 걸맞은 보수를 받는 사람

⑨ 아무리 어려운 일이라도 꿋꿋하게 해나가는 사람

⑩ 능력을 키우려고 항상 공부하고 노력하는 사람

⑪ 일을 통해 능력을 키워나가는 사람

⑫ 겸허한 마음과 적극적인 자세로 다른 사람의 장점을 배우는 사람

⑬ 일을 통해 주변 사람들에게 꿈과 감동을 주는 사람

⑭ 일을 위해 철저하게 자기 관리를 하는 사람

⑮ 존경하는 사람(동료, 스승)이 있고, 그 사람을 닮으려고 노력하는 사람

⑯ 인재(후배)를 육성하거나 미래에 육성할 뜻이 있는 사람

이것은 내가 생각하는 일류 프로의 정의이자 조건이다. 모든 사항에 해당하는 사람은 별로 없겠지만, 프로를 목표로 한다면 한 가지씩 도전해나갈 필요가 있다.

인간은 시작점(예를 들어 태어났을 때나 학교를 졸업했을 때)에서는 무두 똑같지만, 시간이 흐르면서 차이가 생긴다. 그 차이는 과연 능력이나 자질에서 오는 것일까? 그것은 이상을 가지고 꿈을 실현시키기 위해 끊임없이 노력하는 자세에 달려 있다.

프로라고 하면 단순히 어떤 목표를 달성한 사람이라고 생각하지만, 그 목표를 향해 나아가는 과정에서 자신을 갈고닦는 사람이야말로 진정한 프로라고 할 수 있다. 신입 사원이라고 해도 일단 돈을 받고 일을 하면, 그 사람은 엄연한 비즈니스의 프로이다.

53 ::전략적 사고를 키우는 **업무의 기술**

누가 시키기 전에
스스로 찾아서 일하라

사람이란 본래 자기중심적인 존재다.

일을 할 때도 자신의 페이스대로 진행하고 싶어한다. 가령 상사가 "서류는 아직 안 됐나?"라고 물어보면 '지금 하려고 했는데 왜 저렇게 서두르는 거지!' 라는 생각에 화가 치밀어오른다.

어차피 '자기중심' 적인 사람들이 형성하는 사회라면, 일을 할 때도 자기중심적으로 진행할 수 있는 방법을 찾으면 된다. 그것은 바로 '누가 시키기 전에 스스로 찾아서' 일하는 것이다.

당연한 얘기지만, 당신을 고용한 회사는 당신이 돈을 받는 만큼 일하기를 기대한다. 당신도 그 점은 납득하고 있을 것이다.

또한 당신이 기대 이상으로 일을 하면, 그 대가로 월급이 올라가고 승진도 하게 된다. 그렇다면 항상 지혜와 센스를 발휘해서 상사가 무엇을 바라는지, 회사가 무엇을 요구하는지 등을 먼저 파악하고 일을 하는 편이 자신에게도 이득일 것이다.

요즘 '승자 그룹', '패자 그룹' 이라는 말이 유행하고 있는데, 진정한 승패는 끝까지 가보지 않는 이상 누구도 알 수 없다. 승패는 인생의 한 부분만 봐서는 판단할 수 없기 때문이다.

인생의 다양한 국면에서 당신이 선택하는 가치 판단이 옳은지 그른지, 즉 이득을 보는지 손해를 보는지에 따라 최종적인 승패가 결정된다.

그렇다면 일을 할 때도 항상 '승자 그룹'을 목표로 노력해야 한다. 상사가 시키지 않아도 일찍 출근해서 청소를 하고, 자신의 업무가 아니라도 뭔가 자신이 할 수 있는 일은 없는지 항상 생각하고 행동한다. 귀찮은 일을 성실하게 해봤자 얻는 건 하나도 없다고 생각할지도 모르지만, 그것이야말로 회사와 다른 사람들을 위하는 일인 동시에 결국에는 자신을 위하는 일이라는 점을 깨닫기 바란다.

무슨 일이든지 스스로 찾아서 하는 사람은 상사에게 인정받고, 주변에서도 높은 평가를 받는다. 그리고 당신에게도 이득이 될 것이다.

::전략적 사고를 키우는 **업무의 기술**

다른 사람이 바뀌기를 바란다면 먼저 스스로를 바꿔라

주변에 성격이 맞지 않는 사람, 코드가 맞지 않는 사람은 없는가? 또한 '이런 부분을 조금만 고쳐주면 좋을 텐데.'라고 생각하는 상사나 동료는 없는가? 성격이 맞는 사람과 맞지 않는 사람, 얼굴을 마주하면 꼭 싫은 소리를 한마디씩 하는 사람은 어디에나 있다. 피해 갈 수 있는 관계라면 좋겠지만, 그렇지 못하는 경우에는 어떻게 해야 할까?

사실 당신이 이런 점을 바꿨으면 좋겠다고 생각하는 상대방이 당신에 대해 똑같이 생각하고 있을지도 모른다.

그렇다면 어떻게 해야 할까?

그럴 때 다음과 같은 말을 떠올려라.

불교의 가르침에 '의정불이(依正不二)'라는 말이 있다. 이 말은 업보를 지닌 인간들이 모여 사는 속세에서 어떻게 하면 보다 나은 인간관계를 만들 수 있는지를 제시한다. 간단히 말하면 자신을 둘러싼 환경은 각기 다른 것이 아니라 하나이며, 주변에서 일어나는 일과 주변에 있는 사람들 모두 자신의 마음 상태를 반영하는 그림자라는 가르침이다.

자신이 움직이면 그림자도 움직인다. 그림자에 맞추어 자신이 움직이는 것이 아니다. 즉 환경이 바뀌기를 바란다면 먼저 스스로를 바꾸라는 원리이다. 이 말을 처음 들었을 때 '그렇구나!' 하고 공감했다. 상대방을 바꾸기는 어렵지만, 자신을 바꾸기는 쉽다.

얼마 전 어떤 회사의 신입 사원이 상사와 잘 지내지 못한다며 상담을 요청했다. 늘 고자세로 말도 안 되는 지시만 내리는 상사의 비위를 맞추기가 어렵다는 것이었다. 그래서 충고를 해주었다.

"조금만 넓은 마음을 가지고 상사의 생일 등에 작은 선물을 하면 어떨까요?"

그는 꼭 필요한 경우가 아니면 말도 섞기 싫을 만큼 미운 상사의 생일에 큰맘 먹고 작은 선물을 했다고 한다. 그러자 상사는 놀란 표정을 지었지만, 그때부터 가끔씩 웃는 얼굴로 말을 걸기 시작했다고 한다!

상대방보다 조금만 더 넓은 마음을 갖는 데는 정말 약간의 노력만 있으면 된다.

55 ::전략적 사고를 키우는 **업무의 기술**

먼저 상대방의 의견을 들어라

'하나를 들으면 열을 안다'

이 말을 들어보지 못한 사람은 없을 것이다. 상대방이 무슨 말을 하려고 하는지 한마디 말만 듣고 이해한다는 뜻이다. 그렇게 할 수만 있다면 얼마나 효율적일까. 하지만 한마디 말만 듣고는 이해한 내용이 맞았는지 틀렸는지는 알 수 없다. 그렇기 때문에 상대방의 이야기를 끝까지 들어야 한다.

예를 들어 처음 한마디가 자신의 생각과 전혀 다른 의견이었다고 하자. 그 즉시 "그렇지 않아!"라고 반대하거나 마음속으로 거부한다면, 상대방이 왜 그런 결론을 내렸는지를 이해할 수 없을 것이다.

어쩌면 중간까지는 같은 생각을 했었는지도 모른다. 같은 생각을 했지만 결론이 달랐다면, 상대방이 그 결론에 이른 과정을 듣고 새로운 사고방식도 배울 수 있다.

커뮤니케이션 능력과 프레젠테이션 능력이 중시되는 경영 컨설턴트의 세계에서도, 상대방의 의견을 듣고 그 내용을 정확히 파악하는 능력을 매우 중요하게 생각한다.

  가령 상사의 업무 지시를 절반만 듣고 전부 이해했다고 착각해서 멋대로 진행했다고 하자. 지시한 업무를 정해진 시간보다 빨리 끝내고는 상사에게 제출한다. 그런데 정작 중요한 부분은 다르게 처리했다. 그러면 당연히 처음부터 다시 해야 한다. 정해진 시간보다 훨씬 많은 시간이 걸린다.

  상사는 어떻게 생각할까?

  '하나를 들으면 열을 아는 사람'이 아니라, '다른 사람이 하는 말을 제대로 듣지 않는 녀석'이라고 생각할 것이다.

  처음부터 제대로 이야기를 들었다면, 첫 단계에서 효율적으로 업무를 완성했을지도 모른다. 지시받은 업무를 효율적으로 정확하게 처리하는 것이야말로 경험이 많지 않은 젊은 사원에게 가장 먼저 요구되는 부분이다.

  '지레짐작'은 결코 칭찬할 만한 것이 아니다. '끝까지 얘기를 듣는' 것은 누구나 쉽게 할 수 있으면서도 실행하기 어려운 일이다. 그러나 그것이야말로 주변에서 인정받기 위한 첫걸음이다.

56 ::전략적 사고를 키우는 **업무의 기술**

만나고 싶은 사람은 모두 만나라

다양하게 책을 읽다 보면, 자신이 실제로 경험하지 못한 지식까지 습득할 수 있다. 모든 것을 직접 경험해야 한다면, 인생을 몇 번이나 다시 살아도 모자랄 것이다.

우리는 작가가 창조한 인생을 머릿속에서 경험하면 된다. 주인공이 되어도 좋고, 주인공의 친구라도 좋다. 또한 라이벌이 되어보는 것도 재미있을 것이다. 그러나 소설의 등장인물보다는 살아 있는 사람들과 만나는 것이 좋다.

TV에 나오는 사람에게 자신의 의견을 말하고 싶어도 '기회가 없다'고 지레 포기하지는 않는가? 그렇다면 먼저 그 사람의 홈페이지를 방문해보기 바란다. 강연회 일정이 나와 있지 않은가? 토론 시간은 없는가? 연예인과 만날 기회를 갖기는 쉽지 않겠지만, 작가나 평론가, 저널리스트라면 의외로 의견을 교환할 기회가 생긴다.

또한 업무상 만나고 싶은 사람도 있을 것이다. 만나고 싶은 사람이 있다면 일단 연락해라! 체면 차리지 말고 우선 부탁해라. 상대방이 당신의 적

극성을 높이 살 수도 있다. 만나고 싶은 사람과 직접 만나고 나면, 왜 그렇게도 그 사람과 만나고 싶었는지 금방 깨닫게 된다. 느낌이라고 할까? 논리적으로 설명하기는 어렵지만, 주파수라는 것이 있는 것 같다.

나는 학생 시절부터 상대방이 아무리 유명한 사람이라도 만나고 싶은 사람이 있으면 반드시 만나려고 노력했다. 이를테면 경영학을 공부하던 당시 그 분야의 세계적인 대가인 피터 드러커(Peter Ferdinand Drucker) 박사와 윌리엄 에드워드 데밍(William Edwards Deming) 박사의 책을 읽고, 직접 질문하고 싶은 내용이 있어서 만나고 싶다는 생각이 들었다. 주변 사람들은 만나줄 리가 없다며 웃었지만, 의외로 쉽게 만날 수 있었다. 그 사람들의 책에서 이해되지 않는 부분을 질문했더니, 구체적으로 친절하게 설명해줘서 완전히 납득할 수 있었다. 그 만남은 그 후 공부할 때나 일을 할 때 큰 힘이 되고 있다.

사람과의 만남은 노력의 원동력이 될 뿐만 아니라 경험과 인생을 풍요롭게 해준다. 또한 다른 사람의 경험담을 직접 들으면, 그것을 자신의 경험으로 만들 수도 있다.

57 ::전략적 사고를 키우는 **업무의 기술**

핵심만 간단히 말하라

사람들 앞에서 말을 할 때 긴장한 나머지 설명이 길어지는 사람이 있는가 하면, 주위의 시선을 감당 못하고 입을 다물어버리는 사람도 있다.

외국어를 배울 때도 비슷한 증상이 나타난다.

'틀리면 창피한데.', '누가 지적하면 어떡하지?', '이런 이야기는 하지 않는 편이 좋겠어.' 라는 식으로 말이다. 지적을 두려워하다 보니 오히려 설명은 장황해지고, 틀리면 창피를 당한다는 생각에 애매한 표현을 남발한다.

"이 제품은 도장과 내부를 가볍게 했습니다. 가볍다고 해도 그저 단순히 얇게 만든 것이 아니라 ○○라는 기술을 사용해서, 참고로 이 기술은 저희 회사에서 개발했는데요. 아, 경량화했다고 해서 쉽게 부서지는 건 절대로 아닙니다. 게다가 소형화도 했습니다. 가지고 다니기가 편리하죠. 그리고……."

종종 있을 법한 제품 설명이다. 하지만 이런 식으로 말하면, 제품의 가장 큰 장점이 무엇인지 전혀 알 수가 없다.

"이 제품의 가장 큰 특징은 무엇보다도 가볍다는 것입니다. 경량화뿐만 아니라 소형화에도 성공했습니다."라는 말로 충분하다. 누구나 가벼운 제품이 쉽게 부서진다고 생각하는 것은 아니다. 그렇기 때문에 질문을 받은 경우에만 대답하면 된다.

"어떤 식으로 가볍게 만들었나요?"라는 질문에는 "도장 면과 기반을 경량화했습니다만, 강도에는 문제없습니다."라고 대답하면 된다. 그러면 이 제품은 '작고 가볍지만 튼튼하다'는 특징을 잘 전달할 수 있다. 위의 두 가지 예문에는 과연 어떤 차이가 있을까?

전달하고 싶은 핵심만 간단히 말하는 것이다. 한 가지 내용만 전달하는 경우에는 말을 짧게 할수록 확실히 전달된다. 구체적인 설명은 나중에 해도 된다. 또한 기술적인 부분은 말로 듣는 것보다 팸플릿을 읽는 편이 더 이해가 잘된다.

모든 정보를 하나하나 전달하는 것이 아니라 전달하고 싶은 핵심만 간단히 말하는 것. 이것이 바로 효과적인 말하기의 비결이라고 할 수 있다.

58 ::전략적 사고를 키우는 **업무의 기술**

정리 정돈부터 하라

일단 사회에 나가면 한 가지 일만 할 수는 없다. 이는 업무에서도 마찬가지이다. 한 가지 프로젝트에 집중한다 해도 담당하는 회사나 제품, 서비스는 결코 한 가지가 아니다.

이때 일을 '계속 쌓아놓다' 보면, 어느새 감당할 수 없는 상황에 직면한다. 작업이 다 끝나지 않았는데 다음 업무를 시작해야 할 경우, 끝나지 않은 작업 위에 새로운 업무를 쌓아놓는다. 두세 가지 정도라면 어떻게든 처리할 수 있을지도 모르지만, 그 업무가 네 가지 이상이 되었을 때를 상상해보라.

한편 업무를 그냥 쌓아놓는 것이 아니라 '장소를 옮기는' 경우도 있다. 책상 위뿐만 아니라 책상 아래, 책상 옆에 놓여 있는 캐비닛 속까지 쌓아놓는다면……. 뭐가 뭔지 알 수 없게 되는 것은 물론이고 쌓아놓은 업무들은 언젠가 눈사태처럼 무너지고 말 것이다.

지금 다시 한 번 주위를 둘러보라. 깔끔하게 일하면서 실적을 올리는 사람, 일 잘하는 사람은 책상 주변이 깨끗하게 정리되어 있지 않은가? 업무를 끝내고 돌아갈 때 책상 위가 깨끗한 사람일수록 일을 잘하지 않는가?

한 프로젝트에 관련된 업무라고 해도 우선 하나의 작업에서 다른 작업으로 옮겨 갈 때는 반드시 정리할 필요가 있다. '일일이 정리하려면 시간이 걸린다'고 생각할지도 모르지만, 속는 셈치고 일단 해보라. 결과적으로는 정리하면서 할 때가 더욱 효율적이다. 또한 정리 정돈을 잘하면 업무의 흐름도 재확인할 수 있다.

그리고 퇴근하기 전에는 책상 위를 깨끗하게 정리해야 한다. 그것만으로도 편안한 마음으로 하루를 마감하고, 개인적인 시간을 가질 수 있다. 그리고 다음 날 상쾌한 기분으로 일을 시작할 수 있다.

정리 정돈은 효율적으로 일을 하기 위한 필수 조건일 뿐만 아니라 정신 건강에도 좋다.

59 ::전략적 사고를 키우는 **업무의 기술**

무엇을 위한 업무인지 생각하라

상사가 어떤 업무를 지시했다고 하자. 이를테면 일요일 오후 5시부터 오후 10시까지 모든 TV 프로그램의 평균 시청률을 조사하는 일이다. 이것은 인터넷이나 각 방송국을 조사하면 금방 할 수 있다. 어쩌면 한 시간 안에 끝날지도 모른다. 하지만 그런 일은 아르바이트생이나 고등학생이라도 할 수 있다.

사회인이라면 그리고 인정받기를 원한다면 머리를 써야 한다. '상사가 무엇을 위해서 그 시간대의 시청률을 조사하라고 했는지' 생각하는 것이다. 사실 필요한 것은 수치뿐일지도 모른다.

그러나 스폰서 이름이나 프로그램 출연자 등을 추가하면 노력의 흔적이 보일 것이다. 그렇다고 노력의 흔적을 보이는 데서만 그치면 안 된다. 어쩌면 나중에 필요할지도 모른다. 따라서 지시를 받았을 때는 무엇을 위한 업무인지 생각해야 한다.

"어디에 쓸 자료인가요?"라고 질문해도 좋다.

사실 영어 능력이나 전문적인 능력에서 그다지 특출한 게 없던 내가 미국의 국제 회계·경영 컨설팅 회사에서 단기간에 출세할 수 있었던 것은 상사가 나의 이런 점을 높이 평가했기 때문이다. 나는 지시를 받을 때마다 가장 먼저 상사가 무엇 때문에 이런 지시를 내렸는지 파악하려고 노력했다. 비록 맡은 업무는 대단한 일이 아니었지만, 그들이 가장 필요로 하는 정보를 계속 제공했기 때문에 꽤 쓸 만한 부하 직원으로 평가되었다.

바로 그것이다. 상사의 입장에서 생각할 수 있는지, 자신이 상사라면 지시한 업무 외에 어떤 내용이 추가되었을 때 더욱 효율적으로 일을 진행할 수 있는지, 그 점을 얼마만큼 제대로 파악할 수 있는지가 중요하다.

차 한 잔을 준비할 때도 이런 자세가 필요하다. 여름이라고 해서 꼭 시원한 차를 준비해야 할까? 그렇지 않은 경우도 있다. 에어컨을 틀어 놓은 자동차로 계속 이동하다 보면 몸이 차가워져서 따뜻한 차를 마시고 싶을 수도 있다.

이렇게 별것 아닌 일에도 조금만 머리를 쓰면 쉽게 알 수 있다. 그렇기 때문에 **끊임없이 상대방의 입장에서 생각하는 습관을 들여라.**

60 :: 전략적 사고를 키우는 **업무의 기술**

긍정적으로
살아가는 사람들과 인맥을 넓혀라

사람들은 서로 영향을 주고받으며 살아간다. 고독한 아웃사이더라고 해도 결코 혼자가 아니다. 고독을 느낀다는 것은 자신 외에 다른 사람들이 존재한다는 증거이다. 즉 어떤 형태로든 영향을 주고받고 있다는 뜻이다.

어차피 영향을 주고받을 거라면 좋은 영향을 주고받자. 좋은 영향이란 바람직한 방식으로 살아가는 사람의 영향을 받는 것이다. 그렇다면 바람직한 방식으로 살아가는 사람은 어떻게 찾아야 할까? 가장 쉬운 방법은 '긍정적으로 살아가는 사람'을 찾는 것이다. 즉 '긍정적으로 생각하는 사람'이다.

여기서 주의해야 할 점은 단지 낙천적이기만 한 사람, 결과는 전혀 생각하지 않은 채 갈 때까지 가다가 실패해도 그 실패의 원인을 분석하지 않는 무모한 사람을 긍정적인 사람이라고 생각하면 안 된다는 것이다. 긍정적인 것과 무모한 것은 분명히 다르다. 최악의 사태를 예측하고 그렇게 되지 않도록 노력하면서 도전하는 사람, 만에 하나 최악의 사태에 직면했다고 해도 거기서 포기하지 않고 두 번 다시 같은 실수를 반복하지 않도록 고민하고 대책을 마련하는 사람이 긍정적인 사람이다.

주변에 그런 사람이 많다면, 긍정적인 영향도 많이 받을 수 있다. 어떻게 하면 잠재력을 높일 수 있을까? 어떻게 하면 초심을 잃지 않고 살아갈 수 있을까? 어떻게 하면 긴장감을 완화시킬 수 있을까? 이처럼 학교에서 가르쳐주지 않는 것들을 긍정적인 사람들과 함께 체험하면서 배우고, 서로 영향을 주고받는 것이다.

내가 고문을 맡은 기업을 살펴보면, 긍정적으로 살아가는 사장 주변에는 긍정적으로 살아가는 사람들이 모여 있다. 말 그대로 '유유상종(類類相從)'이다. 주변을 긍정적인 사람으로 인맥을 형성해놓으면, 그 수는 점점 많아진다. 그리고 일을 하는 데 힌트가 될 만한 정보를 얻을 수도 있거니와 중요한 인맥이 형성될 수도 있다.

어차피 사람은 혼자서는 살아갈 수 없다. 그렇다면 긍정적인 사람들과 가능한 한 많은 시간을 공유하고 행동하라. 그렇게 하다 보면 어느새 당신도 '긍정적인 사람'이 될 것이다. 나쁜 사람과 가까이 지내면 나쁜 버릇에 물들기 쉽다.

61 ::전략적 사고를 키우는 **업무의 기술**

전화 응대력을 높여라

첫인상이 매우 중요하다는 것은 경험을 통해 잘 알고 있을 것이다. 최근 비즈니스 세계에서는 첫인상이라고 하면 보통 '목소리'를 떠올리곤 한다.

예고 없이 상대방을 방문하는 일은 거의 없을 것이다. 우선 전화를 걸어서 상대방의 상황을 묻고, 시간을 정한 후에 만난다. 첫인상이 중요하다는 것은 곧 전화 응대가 중요하다는 뜻이기도 하다.

그것은 자신이 직접 만날 사람이 아닌 경우에도 마찬가지이다.

거래처 사람이 전화로 동료를 찾았다고 하자. 마침 동료가 자리에 없다면 당신은 어떻게 대응하겠는가?

"지금 자리에 없습니다만, 전화 왔었다고 전해드릴까요?"

그러자 상대방이 아니, "괜찮습니다. 다시 걸겠습니다."라고 말했다고 하자.

그러고 나서 아무 메모도 하지 않았다면, 전화 응대력이 없는 사람이라고 말할 수 있다.

어떤 경우라도 '어느 회사'의 '누구'로부터 '몇 시'에 전화가 왔고 '어떤 이야기'를 했는지 메모해야 한다. 상대방이 '다시 걸겠다'고 말한 경우에도 '다시 걸겠다고 말했다'는 메모를 남겨야 한다. 전화를 건 사람은 이미 몇 차례나 전화를 했을 수도 있다. 그때마다 '다시 걸겠다'고 말해도, 메모를 남겨서 이쪽에서 걸 수 있도록 해야 한다.

신속한 커뮤니케이션이 요구되는 컨설팅 업계에서는 즉시 연락해야 하는 긴급 상황도 종종 발생한다. 나는 언제 누가 무슨 용건으로 전화를 걸었는지, 비서에게 휴대폰 메시지로 알려달라고 한다. 경우에 따라서는 회의를 하다가도 잠시 중단하고, 즉시 전화를 걸기도 한다.

전화는 중요한 첫인상이다. 목소리 톤뿐만 아니라 적절한 언어 선택 그리고 전화를 끊은 다음의 대응도 중요하다.

전화를 받지 못하는 상황에는 '고객을 만나는 중' 이라고 전하라

다음은 실제 있었던 일이다.

"전화 주셔서 감사합니다. 주식회사 ○○○입니다."

"△△주식회사 야스다입니다. 사이토 전무님 부탁드립니다."

"아, 안녕하세요. 그런데 죄송합니다만, 사이토 전무님은 지금 회의 중이십니다."

"그럼 요시다 상무님이나 오야마 부장님은 계신가요?"

"정말 죄송합니다만, 요시다 상무님과 오야마 부장님도 모두 회의 중이십니다……. 들어오시면 바로 전화 왔었다고 말씀드리겠습니다. 혹시 전할 말씀은 없나요?"

"음. 곤란한데, 좀 급한 일이라서……. 몇 시쯤 끝날 것 같습니까?"

"예정대로라면 벌써 끝나야 하는데……."

"알겠습니다. 그러면 아무나 돌아오시면, 급히 전화 좀 부탁한다고 전해주시겠습니까?"

"알겠습니다. 그렇게 전하겠습니다……."

그 후 회의가 끝나고 사이토 전무, 요시다 상무, 오야마 부장 모두 자리로 돌아왔지만, 회의가 길어지는 바람에 세 명 모두 황급히 다음 약속 장소로 가버렸다. 결국 야스다 사장에게 전화한 사람은 아무도 없었다. 이 일은 생각보다 심각한 결과를 초래했다. 야스다 사장은 거래 제안서 건으로 급히 누군가와 통화하려 했기 때문이다. ○○○사는 사내 회의 중이어서 누구와도 통화할 수 없었고, 야스다 사장은 그 후에도 아무런 연락을 받지 못했다. 즉 '당신의 전화보다 사내 행사가 더 중요하다'고 말하는 것이나 다름없었다.

결국 마음이 상한 야스다 사장은 △△사와의 거래를 백지로 돌렸다. 이런 경우에는 솔직하게 '회의 중'이라고 말하기보다는 '고객을 만나는 중'이라고 말하는 것이 좋다. 고객과의 만남은 자신과의 통화와 같은 수준의 약속이며, 고객을 소중하게 여기는 회사라고 생각하며 충분히 납득할 것이다. 그것이 고객을 존중하는 방법이다. '때로는 거짓말도 필요하다'는 말은 바로 이런 상황을 두고 하는 말이다.

63 ::전략적 사고를 키우는 **업무의 기술**

즐겁게 일하는
자신만의 방법을 찾아라

하루는 24시간, 일주일은 168시간이다. 매일 7시간씩 잠을 잔다고 가정하면, 수면 시간은 총 49시간이다. 즉 깨어 있는 시간은 일주일에 119시간밖에 되지 않는다. 일을 하는 시간은 월요일부터 금요일까지 9시부터 18시(점심시간 1시간), 여기에 하루 1시간의 야근을 포함하면 일주일에 45시간. 출퇴근 시간을 왕복 1시간 반이라고 가정하면 7.5시간이 필요하다. 일주일 중 절반은 일을 하며 보낸다는 계산이 나온다.

그렇다고 일이 끝나자마자 자신만의 시간을 가질 수 있는 것도 아니다. 결국 월요일부터 금요일까지 깨어 있는 시간에는 거의 일을 하는 셈이다.

깨어 있는 동안 이렇게 일만 하는데, 어쩔 수 없이 억지로 일한다면 그야말로 시간을 낭비하는 것이다. 더 심하게 말하면 인생을 낭비하는 것이다. 어차피 똑같은 시간 동안 일할 거라면, 가능한 한 즐겁게 일하는 것이 좋지 않은가.

아무리 힘든 일이 있어도 억지로 미소를 지으면, NK세포(자연 살해

세포)라는 종양 세포를 융해하는 기능을 가진 세포의 수가 늘어난다고 한다. 모든 병이 마음에서 비롯되는 것은 아니지만, 마음가짐에 따라 어느 정도의 변화는 기대할 수 있다는 뜻이다.

세상에 쉬운 일은 없다. 수치로 경쟁해야 하는 업무, 더 나은 아이디어를 내서 다른 회사와 경쟁해야 하는 업무, 시간과 싸워야 하는 업무, 때로는 상대방을 무너뜨리지 않으면 성공할 수 없는 업무도 있다. 그렇기 때문에 일이 즐겁다기보다는 괴롭다고 느끼는 사람이 많을지도 모르겠다.

이런 경우에는 정말 작은 것이라도 좋으니까 업무의 한 부분만이라도 좋아하도록 노력하라. 억지로라도 노력하라. 지하철을 타고 거래처까지 가는 길이 즐겁다는 등 사소한 것이라도 좋다. 자신이 낸 아이디어로 만든 제품을 고객이 만족하며 사용하는 모습을 떠올리는 것만으로도 괴로움이 즐거움으로 바뀔지도 모른다.

어쨌든 억지로라도 좋아할 수 있는 것을 찾아라. 그러다 보면 어느새 그것을 좋아하게 될 것이다. 그리고 나서 좋아할 수 있는 또 다른 것을 찾고, 그렇게 노력하다 보면 결국에는 어떤 일이든지 즐겁게 할 수 있게 될 것이다.

64 ::전략적 사고를 키우는 **업무의 기술**

어떤 일이든지 성실하게 하라

어느 날 영업부로 발령받은 지 얼마 되지 않은 신입 사원이 선배를 따라 약속도 잡지 않은 상태에서 거래처 후보 회사를 방문했다. 도착하자마자 선배가 던진 한마디.

"나도 입사하자마자 혼자서 영업했으니까 너도 혼자 해봐."

"네? 선배님! 그건……. 아직 영업이 뭔지도 잘 모르는데……."

"무슨 소리야! 저번에 영업 연수받았잖아. 실습하지 않았어?"

"아…… 네……. 그래도 그건 어디까지나 역할극이었고……."

"됐으니까 일단 해봐! 그렇게 엄살 부리면 평생 영업 못 해!"

"……."

회사 접수처 앞에서 대화를 나누는데, 마침 사장이 들어왔다.

"지금 오십니까, 사장님! 아까부터 이분들이 사장님께 인사드린다고 기다리고 있었는데……."

"무슨 일이죠?"

"헤드헌팅을 전문으로 하고 있는 ○○○주식회사 하기하라라고 합니다. 이제부터 이 지역을 담당하게 돼서 인사차 들렀습니다."

"방문해주셔서 감사합니다만, 우리는 헤드헌팅 회사와 거래하지 않습니다. 미안하지만 됐습니다!"

이렇게 시작된 미덥지 않은 영업이었지만, 놀랍게도 그 신입 사원은 그로부터 3개월 후 그 회사에서 일을 따냈다. 이유는 간단했다. 매일같이 그 회사로 출근해서 무슨 일이든지 도움이 필요한 것 같으면 양팔을 걷어붙이고 나서는 그의 한결같은 태도에 사장이 감동한 것이다. 결국 신입 사원은 그 회사와 전속 계약을 체결했다.

나도 비슷한 경험이 있다. 미국에서 대학을 졸업하고 입사한 지 얼마 되지 않았을 무렵, 어느 기업의 사장님에게 힘든 일이 생길 때마다 고민을 들어주고 도와주곤 했는데, 결국 그분은 나의 첫 고객이 되었다. 당시 나는 비즈니스에 필요한 경험이나 지식, 자신감이 전혀 없었기 때문에 오로지 상대방의 질문이나 요청에 최선을 다해서 성실하게 대응할 뿐이었다. 그때 나라에 상관없이 성실함이야말로 최고의 전술이자 영업 도구라는 사실을 깨달았다.

65 ::전략적 사고를 키우는 **업무의 기술**

선배를 존경하라

　일 잘하는 선배, 별 볼일 없는 선배, 친절한 선배, 무뚝뚝한 선배 등 다양한 선배가 있다. 모든 사람에게 똑같이 대하기란 어려운 일이고, 또 그렇게 하라고 강요할 생각도 없다. 도움을 받은 사람에게는 그에 맞게 대하는 것이 당연하다.
　여기서 말하고 싶은 것은 '일일지장(一日之長)'이라는 것이다. 자신보다 오래 산 사람을 뜻하는 말인데, 특히 업무에서 1~2년의 차이는 매우 크다. 어떤 선배라도 그만큼 많은 경험을 쌓았다는 뜻이다. 그 한 가지만으로도 어떤 선배든 상관없이 존경해야 할 이유는 충분하다.
　"연장자를 존경해야 한다는 얘기인가요?"
　그렇기도 하고 그렇지 않기도 하다. 그저 단순히 소중하게 생각하라는 뜻이 아니다. 의견 대립이 있는 경우에도 선배의 의견을 잘 듣고, 그 의견에 맞추어 자신의 의견을 다시 한 번 검토한다. 물론 여러 가지 시뮬레이션도 필요하다. 상대방의 의견을 신중하게 검토한 후에도 자신의 의견이 옳다는 결론에 이르렀다면, 공손하게 자신의 의견을 말한다.

단순히 '나이 많은 사람의 말을 듣는' 것만으로는 존경한다고 말할 수 없다. 진지하게 검토하는 것이야말로 존경하는 것이다.

물론 선배가 생트집을 잡을 수도 있다. 그래도 '검토'하라. 그 태도가 반드시 선배의 마음에 전해질 것이다.

내가 신입 사원이었을 때, 내 능력은 다른 신입 사원에 비해 훨씬 뒤처져 있었다. 경험과 지식, 전문 능력이 없는 나에게 왜 선배들이 중요한 업무를 맡기는지 이해할 수 없었다. 처음에는 나를 괴롭히는 거라고 생각했다.

그러나 나에게 부하 직원이 생기고 나서야 비로소 깨달았다. 그때 선배들이 엄하게 대했기 때문에 내가 필사적으로 스스로를 갈고닦는 데 전념할 수 있었다는 사실을 말이다. 지금은 그 선배들에게 진심으로 감사한다.

존경하는 것은 결코 맹신이나 복종이 아니다. 그 점을 확실히 이해한 후에 선배를 존경하라.

66 :: 전략적 사고를 키우는 **업무의 기술**

매일매일
To Do List를 작성하라

업무에 조금씩 익숙해지면 할 일이 정말 많아져서, 시간에 쫓기는 나날을 보낼 것이다. 물론 어떻게 보면 당연한 일인지도 모른다.

그러나 하루하루 무엇을 위해서 어떤 일을 하는지 생각할 여유도 없이 정신없이 보낸다면, 효율적으로 일할 수 없다. 그렇다면 조금 일찍 출근해서 우선 '오늘 해야 할 일' 목록(To Do List)을 작성하라. 처음에는 그것만으로도 충분하다. 끝낸 업무는 줄을 그어서 지워나가면 된다.

일단 무엇을 해야 할지 파악하려면 목록을 작성해야 한다. 그렇게 하면 애매한 업무들이 더욱 분명해진다.

그 작업에 익숙해진 다음에는 우선순위를 매긴다. 업무는 시간이 흐르면서 바뀌기 때문에 목록을 작성했다고 해도 도중에 변경될 수 있다. 물론 변경된 부분에 대해서는 유연하게 대처한다. 그와 마찬가지로 우선순위도 바뀔 수 있기 때문에 아침에 생각한 우선순위에 집착할 필요는 없다.

자신이 생각한 우선순위와 실제 업무 간의 차이를 파악하는 것만으로도 충분히 목록을 작성할 가치가 있다. 또한 목록은 업무를 진행해나가는 과정에서도 큰 효과를 발휘한다.

미국의 일류 프로(변호사, 회계사, 비즈니스맨, 은행원, 기술자, 연구원 등)와 경영자는 매일매일 목록을 작성해서 실천한다. 또한 대부분의 미국 기업은 사원에게 목록 용지를 정기적으로 나누어준다. 일본에서도 생산성을 중시하는 직업을 가진 사람일수록 목록을 이용하는 경우가 많다.

업무의 흐름과 우선순위를 파악하고 유연하게 대처할 수 있게 되었다고 해도, 목록은 계속해서 작성해야 한다. 때로는 깜빡 잊어버리는 일도 있기 때문에 습관화하는 것이 좋다. 노트를 한 권 장만해서 목록을 작성하면, 업무의 흐름을 쉽게 파악할 수 있다.

다른 업무에서 차질이 생겼을 때, 목록 노트 안에서 해결의 힌트를 찾을 수 있을지도 모른다.

모든 경험을 100% 기억할 수는 없다. 목록을 작성해놓으면 언젠가 반드시 도움이 될 것이다.

67 ::전략적 사고를 키우는 **업무의 기술**

다른 사람과 비교하지 마라

입시 전쟁, 경쟁 사회, 신 계층 사회, 히에라르키(hierarchy, 조직·집단 질서, 개인의 권력적·신분적·기능적 상하, 서열 관계가 정돈된 피라미드형의 체계-역주) 등은 비교를 전제로 하는 단어들이다. 입시 전쟁은 자신과의 싸움이기도 하지만, 다른 수험생보다 1점이라도 높은 점수를 따려고 공부하고 시험을 봐야 하는 타인과의 경쟁이기도 하다. 동료와의 승진 경쟁도 마찬가지이다.

그러나 다른 사람과 비교해서 자신을 평가하는 데 어떤 의미가 있을까? 다른 사람이 없으면 평가 기준도 없다.

목표로 삼아야 하는 것은 '저 사람은 이러이러한 사람'이라는 평가다. 누군가를 목표로 삼거나 경쟁자로 삼는 것도 나쁘지는 않다. 자신을 갈고닦는 원동력이 되기 때문이다. 그러나 경쟁이 전부가 되어서는 안 된다.

다른 학생과의 비교를 전제로 하는 편차치 교육이나 모든 과목을 골고루 잘하도록 요구하는 교육에 맞지 않았던 나는 엄청난 열등생이었다. 그런데 미국에 간 후로는 더는 열등생이 아니었다.

 나는 수학을 무척 좋아하고 또 잘했는데, 미국에서는 그 점이 높이 평가되었다. 수학 공부를 좋아해서 열심히 노력했고, 그러다 보니 더욱 좋아하고 또 잘하게 되었다. 결국 수학에서 좋은 성적을 받았고, 나에 대한 평가도 점점 높아졌다. 그 분야에서 국제적으로 인정받았을 때는 학자의 길을 걷는 것도 심각하게 고려했다.

 미국에서 얻은 것 중의 하나는 자신을 다른 사람과 비교하지 않게 되었다는 점이다. 또한 자신을 다른 사람과 비교하지 않으면 '이렇게 마음이 편하구나, 나만의 개성을 살릴 수 있구나' 하는 점을 깨닫게 되었다. 자신에 대해 절대 평가를 하면, 목표가 분명해진다. 해야 할 일도 확실히 알 수 있다. 다른 사람이 멋대로 비교하든 말든 상관없다.

 항상 '자신을 갈고닦는다'는 마음을 가지고 노력하면 된다. 비교 대상은 과거의 자신과 지금의 자신 그리고 미래의 자신뿐이다.

68 :: 전략적 사고를 키우는 **업무의 기술**

결단은 신속하게 내려라

지금은 말 그대로 'Time is money'의 시대다. 주식 시장에서도 고작 몇 분 사이에 큰 차이가 생긴다.

지난 10년간 인터넷이 전 세계로 확산되면서, 세계의 거리는 물론 시간까지 짧아졌다. 속전속결이 무엇보다도 중시되는 사회가 되었다고 해도 과언이 아니다. 이렇게 말하면 감으로 행동하라는 뜻으로 받아들이겠지만, 그런 얘기를 하는 게 아니다.

숙고(熟考)의 중요성에는 변함이 없다. 중요한 승부에서는 더욱 숙고하지 않으면 안 된다. 돌이킬 수 없는 사태가 발생할 수 있기 때문이다. 단, 결론을 내렸다면 신속하게 행동해야 한다.

숙고란 오랜 시간을 들여서 생각하는 것이 아니라 깊이 생각하는 것이다. 지금 시대에는 생각하는 시간이 짧을수록 좋지만, 그렇다고 해서 대충 생각하면 안 된다.

짧은 시간 동안 깊이 생각하는 연습이 필요하다.

대학을 졸업하고 미국의 프로 세계에 뛰어들고 나서, 나는 한동안 어찌할 바를 몰랐다. 지금도 마찬가지지만, 너무 많은 일이 연속적으로 발생하기 때문에 신속하게 결정하지 않으면 문제가 생긴다. 빨리빨리 결정하지 않으면 문제가 점점 쌓이고, 그만큼 처리해야 할 일도 많아진다. 때로는 잠잘 시간도 없다. 나는 그때 프로는 한정된 시간 안에 깊이 생각해서 가능한 한 올바른 결단을 내리는 사람이라고 깨달았다.

우선 어떤 일이든지 짧은 시간 안에 깊이 생각하는 연습을 하라. 오늘 매고 나갈 넥타이에 관한 것이라도 좋다. 처음에는 3분씩 시간을 나누어 '오늘 만날 사람의 취향', '기온' 등 관련 항목을 하나하나 떠올리고 해결해나간다. 점심 메뉴라도 좋다. '저녁은 몇 시쯤 먹게 될까?' '소화가 잘되는 메뉴가 좋을까, 배가 든든한 메뉴가 좋을까?' 이처럼 사소한 결단을 내리면서 연습하면 된다.

너무 어렵게 생각할 필요는 없다. 긴장하지 말고 일단 시작하라. 그러다 보면 조금씩 깊이 생각하는 능력이 생기고, 머지않아 신속하게 결단을 내릴 수 있게 될 것이다.

69 ∷ 전략적 사고를 키우는 **업무의 기술**

공공장소에서
휴대폰을 사용하지 마라

휴대폰이 보급된 지 10년이 넘었다. 요즘은 초등학생까지도 휴대폰을 가지고 다닌다. 바로 얼마 전까지만 해도 외근을 나갔다가 전화를 해야 할 상황이 생기면 공중전화를 찾았는데 말이다. 뒤에 사람들이 줄을 서 있으면 가급적 짧게 끝내려고 노력했다.

그런데 휴대폰이 일반화되면서 누구나 길 한복판에서 전화를 할 수 있게 된 반면, 다른 사람들을 배려하는 마음을 잊어버린 것 같다. 지하철 안에서 아무리 안내 방송을 해도, 아직까지 휴대폰 벨소리를 최대로 설정해놓은 사람도 있다. 이런 상황에서는 '요즘 젊은 것들은' 이라는 말이 절로 나오지만, 실제로 벨소리를 최대로 설정해놓은 사람이나 큰 소리로 통화하는 사람을 보면 세대 차가 없는 듯하다.

일본에는 '수치의 문화' 라는 것이 있다. 즉 남이 보는 앞에서는 수치스러운 행동을 하지 않았다. 외국어를 배울 때는 장애가 되기도 하지만, 적어도 공공장소에서는 '수치의 문화' 를 지켜주었으면 하는 바람이다. 개인적인 전화로 만인 앞에서 사생활을 드러내거나 업무상의 전화로

극비 사항을 새어나가게 하는 것은 수치스러운 행동이라는 점을 잊어서는 안 된다.

최소한 지하철 같은 대중교통이나 엘리베이터 등 밀폐된 공간에서는 휴대폰 사용을 자제하자. 휴대폰에는 부재중 기능이 있기 때문에 금방 다시 전화하면 된다. 때로는 꼭 받아야 하는 전화도 있을 것이다. 그러나 그런 경우에도 "5분 안에 다시 걸겠습니다."라는 말을 남기고 끊도록 하자. 지하철 안이라면 다음 역에서 내리면 되고, 그렇게 할 수 없는 상황이라면 상대방에게 전화할 수 있는 시간을 알려주면 된다.

무슨 일이 있어도 당장 통화해야 하는 일은 의외로 그리 많지 않다. 불과 몇 년 전까지만 해도, 휴대폰 없이 다들 잘 살지 않았는가. 휴대폰을 사용하지 말라는 것이 아니다. 장소를 생각해서 가능한 한 매너를 지키면서 사용하라는 것이다. 다시 전화를 거는 것은 어려운 일이 아니다. 장소를 가리지 않고 큰 소리로 전화하는 사람을 보면 짜증나지 않는가?

::전략적 사고를 키우는 **업무의 기술**

마감과 약속은 반드시 지켜라

모든 일에는 반드시 끝이 있기 마련이다. 일도 마찬가지로 반드시 기한이 붙는다. 또한 인간관계에는 약속이라는 것도 있다. 기한과 약속을 정할 때는 동의가 필요하다. 쌍방이 '그날까지 끝낼 수 있다', '가능하다' 고 동의한 후에 결정된다.

일방적으로 통보를 받았다고 해도 하겠다고 마음먹었다면 동의한 것이나 마찬가지이다.

동의를 했다면 실행해야 한다. 무리를 해서라도 반드시 지켜야 한다.

그러나 때로는 지키지 못하는 사태도 발생할 수 있다. 농땡이를 피우지도 않았고 깜빡한 것도 아닌데, 아무리 노력해도 정해진 날까지 끝내지 못할 때도 있다. 예를 들어 사고를 당해서 병원에 입원하는 등 예측하지 못한 경우이다. 그렇다고 해도 즉시 대신할 사람을 정해서 기한을 지켜야 한다.

예측하지 못한 사태가 발생한 경우에 가장 먼저 해야 할 일은 무엇일까? 즉시 상대방에게 연락하는 것이다. 왜 약속 또는 기한을 지키지 못하게 되었는지 설명하고, 어떤 식으로 처리할지 확실한 대안을 제시해서 상대방을 납득시켜야 한다.

학생과 사회인 간의 큰 차이 중 하나는 마감과 약속에 대한 자세이다. 미국의 경영대학원(비즈니스 스쿨)에서 야간 MBA 코스를 가르치던 무렵 이 차이를 몇 번이나 실감했다.

예를 들어 숙제나 리포트 과제를 내면, 낮에 일을 하는 은행원이나 변호사, 비즈니스맨 등은 반드시 제출했다. 일 때문에 또는 몸이 아파서 수업에 나올 수 없는 상황이라고 해도, 사전에 연락해서 어떤 식으로든 반드시 제출했다.

한편 시간이 남아도는 학생들은 종종 숙제나 리포트를 깜빡하거나 바쁜 일이 없다는 사실을 뻔히 아는데도 제출하지 않았다. 즉 시간의 차이가 아니라 자각과 책임감의 차이였다.

71 ::전략적 사고를 키우는 **업무의 기술**

감동받은 이야기를 하라

책을 읽거나 영화를 보고 감동을 받은 경험은 누구에게나 있을 것이다. 감동을 받았을 때 당신은 어떻게 행동하는가?

자신의 기분을 표현하는 것은 쉬운 것 같으면서도 어려운 일이다. 고이즈미 준이치로 총리가 "감동했다!"는 말을 한 적이 있다. 부상을 무릅쓰고 스모판에 선 요코즈나(최고 등급의 스모 선수-역주) 다카노하나가 우승했을 때 트로피를 건네면서 외쳤던 말이다.

그에 앞서 "고통을 견디고 고생 많았다."는 말도 했다. 이처럼 어떤 일에 감동을 받았다면 반드시 그 이유가 있을 것이다.

감동받은 이야기를 할 때는 당시 자신이 어떤 감정이었는지 설명할 필요가 있다. 그 감정을 상대방에게 이해시키고 상대방의 공감을 얻으려면 논리적인 설명이 필요하다. 감정에 치우쳐서 이야기하면 제대로 전달되지 않는다. 상대방이 같은 영화를 봤다고 해도 같은 부분에서 감동받지 않은 경우에는 '자신은 어떤 이유로' 그 부분에서 감동을 받았는지 설명해야 한다.

소설은 영화보다 더 어려울 것이다. 제시되는 영상이 없기 때문에 같은 책을 읽었다고 해도 등장인물이나 배경 등에 대해서는 사람마다 다른 이미지를 떠올릴 것이다.

이런 상황에서 스토리를 설명하고, 어떤 부분에서 감동을 받았는지 그리고 어떤 이유로 감동을 받았는지 상대방이 이해할 수 있도록 설명한다.

그렇다면 왜 감동받은 이야기를 해야 할까? 감상문을 쓰면 되지 않을까? 그렇지 않다. 상대방이 그 자리에 없으면 어떤 반응을 보일지 알 수 없다. 일에서도 상대방을 설득해야 하는 상황에서는 논리적으로 설명할 필요가 있다.

자신이 감동받은 이야기조차 제대로 설명할 수 없다면, 일에서 상대방을 설득하는 것은 더 어려울 것이다. 상황 등을 정리해서 차근차근 설명하자.

상대방을 설득하려면 먼저 감동받은 이야기를 다른 사람에게 제대로 전달할 수 있어야 한다.

72 ::전략적 사고를 키우는 **업무의 기술**

꿈을 가져라

어린 시절, 당신의 장래 희망은 무엇이었는가? 파일럿? 야구 선수? 간호사? 유치원 선생님? 다양한 꿈이 있었을 것이다. 당신은 지금 그 꿈을 이루었는가?

"어린 시절의 꿈을 이룰 리가 없잖아!"

정말 그럴까? 어린 시절의 꿈을 이루려고 얼마나 노력했는가? 물론 아무리 노력해도 이룰 수 없는 꿈도 있다. 프로 야구 선수 등은 노력만으로 될 수 있는 것이 아니니까. 그러나 꿈을 이루기 위한 노력은 비록 그 꿈을 이루지 못했다고 해도 다른 꿈, 다른 목표를 향해 나아가는 원동력이 된다. 또한 그 노력은 결과에 관계없이 커다란 자신감과 소중한 경험으로 남을 것이다.

내 꿈은 자라면서 계속 바뀌었다. 초등학교 3학년 때까지는 여러 가지 독특한 건물을 짓는 건축사, 돈을 받으면서 일본 전역을 돌아다닐 수 있는 택시 운전사, 초밥을 좋아하는 가족에게 매일 초밥을 만들어 줄 수 있는 요리사가 되고 싶었다.

그리고 초등학교 4학년 때 본격적으로 수영을 시작하면서 고등학교 때까지 접영 부문의 올림픽 선수가 되겠다는 꿈을 안고 있었다. 고등학교 3학년 여름에 미국에서 한 달간 홈스테이를 한 후에는 현재 직업인 국제 경영 컨설턴트. 그러나 머리가 나쁜 데다 영어도 못하던 나에게 있어 마지막 꿈은 불가능에 가까웠다.

꿈을 이루기 위해 아무런 노력을 하지 않으면 말 그대로 꿈에서 끝나고 만다. 그러나 노력이 더해지면 꿈은 현실적인 목표가 된다. 그리고 그 목표는 사람을 긍정적으로 만들 뿐만 아니라 자극을 주고, 때로는 휴식과 즐거움을 느끼게 한다.

"인제까지 꿈만 좇을 거야? 어린애도 아니고……."

이렇게 생각하는 사람도 있지만, 내 생각은 다르다. 지금 하는 일에 대한 목표뿐만 아니라 더욱 원대한 꿈을 바라보고, 그 꿈을 이루려고 노력하는 것이 어째서 어린애 같은 일인가?

가능한 한 큰 꿈을 가져라. 꿈이 없는 사람은 성장할 수 없다. 현실을 제대로 파악하고 꿈을 향해 나아가는 것이 인생을 풍요롭게 만드는 매우 멋진 일이다.

73 ::전략적 사고를 키우는 **업무의 기술**

답변은 그날 중으로 하라

새로운 일을 의뢰받았다고 하자. 단, 아직 일정은 확인할 수 없다. 성급하게 결정하고 싶지 않아서 "나중에 연락드리겠습니다."라고 답변한다. 이 '나중에'라는 말이 골치 아프다. 어느 정도의 시간을 말하는 것일까? 언제까지 기다려야 하는 것일까?

기다리는 입장에서는 가급적 빨리 답변을 듣고 싶어한다. 그러므로 '답변은 그날 중으로' 한다.

여기서 말하는 '답변'은 'YES'나 'NO'가 아니다. 반드시 어느 한쪽을 선택해야 한다고 생각하기 때문에 그날 중으로 답변을 하기가 어려운 것이다.

예전에 업무상 꼭 만나야 하는 사람이 있었다. 내가 필요해서이긴 했지만, 어떻게 해서든지 그 사람과 이야기를 하고 싶었다. 그래서 연락했더니 "언제가 괜찮은지 알려주시겠습니까?"라는 답변이 왔다. 물론 즉시 가능한 날을 몇 개 얘기했다. 그러자 "일정을 확인하고 나서 연락드리겠습니다."라는 답변이 왔다.

그런데 내가 알렸던 날 중에서 가장 빠른 날이 지나도 답변이 없었다. 그날은 어쩌면 연락이 올지도 모른다고 생각해서 비워둔 날이었다. 다시 전화하는 것도 그다지 내키지 않았지만, 어쩔 수 없이 다시 연락했더니 똑같은 답변이 돌아왔다. 결국 만날 생각이 없다는 뜻인 것 같아서 포기했다.

한편 다른 사람에게 연락해서 약속을 잡으려고 했다. 대화의 흐름은 앞서 연락한 사람과 거의 같았지만, 마지막에 "이 날짜들 중에 가능한 날이 있는지, 아니면 오늘 중으로 날짜를 정할 수 있는지 저녁때까지는 연락드리겠습니다."라는 말을 덧붙였다.

이 경우에는 우선 오늘 저녁까지만 기다리면 된다. 내일은 다른 일정을 잡을 수 있다.

답변을 그날 중으로 하라는 것은 '그날 중으로 어떤 식으로든 액션을 취하라'는 뜻이다. "오늘은 정확한 답변을 드릴 수 없습니다. 내일까지 기다려주세요."라고 말하는 것도 일종의 답변이다. 기다리는 사람의 입장에서 생각하면 쉽게 이해할 수 있지만, 그 점을 깨닫는지 여부에 따라 전화상의 이미지가 크게 달라진다.

그날 중으로 어떤 식으로든 '액션'을 취하라.

74 ::전략적 사고를 키우는 **업무의 기술**

만남을 소중히 하라

일본에는 고령자부터 태어난 지 얼마 안 된 아기까지 포함해서 약 1억 3,000만 명이 살고 있다. 80세까지 산다고 가정하면, 태어난 순간부터 매년 새로운 사람들을 스무 명씩 만난다고 해도 1,600명밖에 되지 않는다. 한 달에 스무 명을 만난다고 해도 1만 9,200명이다.

매년 스무 명을 만난다고 하면 평생 1,600명. 즉 한 사람과 만나는 확률은 1,600분의 1이지만, 동시에 1억 3,000만 분의 1이기도 하다. 이렇게 치열한 경쟁을 뚫고 만난 사람을 소중하게 생각하지 않는 것은 안타까운 일이다.

업무상 수많은 사람과 만난다고 해도, 평생 1,600명을 만나기는 쉽지 않다. 태어나자마자 만난 사람들은 기억하지 못할 테고, 회사를 그만두고 나면 새로운 사람과 만날 기회는 현저히 줄어든다.

얼마 전 벤처 사업에서 성공한 젊은 기업가들의 모임에 참석한 적이 있다. 그들에게 성공의 비결을 물었더니, 모두 입을 모아 "운이 좋았다."라고 대답했다. 그렇다면 왜 운이 좋았는지 물었더니, "좋은 사람과 만나서" 또는 "좋은 비즈니스 파트너와 만나서"라고 대답했다. 그만큼 사람과의 만남은 소중하다.

나는 강연 중에 분야를 막론하고 성공하려면 반드시 필요한 것이 '좋은 만남'이라는 말을 자주 한다. 그렇다면 왜 '좋은 만남'이 필요할까? 그것은 좋은 사람이 좋은 정보와 좋은 비즈니스 찬스를 가져다주기 때문이다.

아무리 능력이 뛰어난 사람이라고 해도, 혼자 하는 일에는 한계가 있다. 빌 게이츠(William H. Gates)나 마이클 델(Michael S. Dell)도 능력이 뛰어나다는 것은 말할 필요도 없지만, 좋은 사람과 만나서 협력과 지원을 받았기 때문에 젊은 나이로, 짧은 기간에 세계적인 기업을 만들고 막대한 자산도 쌓을 수 있었다.

사람과의 만남을 소중히 하면, 비즈니스는 물론 인생에도 커다란 가치와 행운이 따르기 마련이다. 그 사람의 가치관, 인생관 등에 대해 이야기를 나눌 수도 있고, 그 과정에서 새로운 사고방식이 생기기도 한다. 다른 사람과의 소중한 만남을 당신의 인생에서 더욱 특별하게 가꿔나가라.

75 ::전략적 사고를 키우는 **업무의 기술**

경제력보다 신용을 중시하라

라이브도어의 전 사장 호리에 다카후미 씨. 그의 회사명과 그의 이름이 각종 신문 지상의 1면을 장식한 것은 프로 야구 신규 진입 사건이 터졌을 때였다. 경영 부진으로 해체와 합병을 피할 수 없었던 '긴테쓰 버펄로스(현재 '오릭스 버펄로스' –역주)' 인수전에 그가 뛰어든 것이다.

당시 그의 말은 논리적으로 틀린 부분이 없었다.

"나에게는 돈이 있다. 지역 팬도 긴테쓰의 존속을 바라고 있다. 선수들도 바라고 있다. 그렇다면 돈을 가진 우리가 인수해서 경영하겠다."

당시 프로 야구 경영자와 주변 사람들이 비난한 것은 그의 발언이 아니라 그의 차림새였다.

"사람들 앞에 나서면서 티셔츠가 뭐야!"

"예의 없는 녀석."

"돈만 있으면 다 된다고 생각하는 거야?"

긴테쓰 버펄로스의 경영진이 경영에 실패하면서 선수들과 팬이 갈 곳을 잃어 헤매던 시기였다. 호리에 씨가 제기하던 프로 야구 문제는 결국 한 개의 팀이 없어지고 새로운 팀이 생기면서 마치 아무 일도 없었다는 듯 조용히 끝났다. 게다가 새로운 팀을 만든 것은 같은 IT 관련 기업인 라쿠텐이었다. 이때 라쿠텐의 미키타니 히로시 사장은 트레이드 마크였던 수염을 깎고, 깔끔한 정장 차림을 하고 있었다. 물론 차림새가 신용으로 이어진다는 일본 특유의 사고방식 탓도 있었을 것이다.

그 후 닛폰 방송의 인수극, 즉 호리에몬(호리에 전 사장의 별명-역주) 소동에서도 호리에 씨의 행동은 법적으로 아무런 문제가 없다고 판결 났지만, 비난은 끊이지 않았다. 이는 '경제력' 보다 '신용'의 문제이다. 마이크로소프트의 빌 게이츠도 티셔츠 차림으로 사람들 앞에 나선다. 그러나 그에 대해서는 소프트웨어를 만들어 보급시켰다는 신용이 차림새보다 크게 작용했다.

"돈만 있으면 어떤 차림을 해도 상관없지 않은가."

이것도 틀린 말은 아니다. 그러나 신용할 수 없는 사람과 일할 수 있는가? 신용을 쌓을 때까지는 차림새가 가장 중요하다. 경제력을 과시하면 역효과가 난다.

가장 이상적인 것은 돈도 많고 그 돈이 신용을 바탕으로 하는 경우이다. 돈으로 신용을 살 수는 없지만, 신용이 있으면 돈은 저절로 따라온다.

위기를 기회로 바꿔라

순조롭게 인생을 살아오던 사람이 작은 실패조차 견디지 못하고 그대로 주저앉아버리는 일이 있다. 그런 사람을 두고 위기에 약한 사람이라고 표현하기도 한다.

옛말에 '젊어서 고생은 사서도 한다'는 말이 있다. 위기도 일종의 고생이다. 그렇다고 정말로 돈 주고 살 필요는 없다(웃음). 위기는 사람을 성장시킨다. 곤경에 처했을 때 사람은 모든 감각을 발휘해 그 위기에서 벗어나려고 한다. 그 감각에는 평소에 생각지도 못한 아이디어가 숨어 있다. 사람은 최악의 상태에서 엄청난 괴력을 발휘한다고 하지 않는가.

한계에 도달했을 때 비로소 나오는 힘, 잠재적으로 가지고 있지만 위기에 처하기 전까지는 나오지 않는 힘이다. 위기에 직면하다 보면, 거기서 벗어나는 방법을 배우게 된다. 첫 번째 위기는 그냥 위기일 뿐이지만, 두 번째 위기는 탈출 방법을 알고 있는 위기다.

나는 미국에서 경영대학원에 들어가려고 대학 졸업식에도 참석하지 못하고 바로 미국으로 건너갔다. 일곱 군데를 지원하면서 '한 군데쯤은 붙겠지.' 하는 생각에 여기저기 유학 간다는 말을 하고 다녔고, 사람들이 축하 파티까지 열어주었다. 그런데 결국 한 군데도 합격하지 못했다. 처음에는 방황했지만, 운 좋게도 원래 경영대학원 유학을 결심한 계기가 됐던 미국의 국제 회계·경영 컨설팅 회사에 입사하게 되었다. 위기가 결과적으로는 기회가 된 것이다.

누구나 위기에서 벗어날 수 있는 것은 아니다. 끝내 탈출하지 못하고 실패하는 경우도 있다. 그러나 실패를 통해서도 많은 것을 배울 수 있다. 이 또한 경험이다. 단, 이 경험을 악용하면 안 된다. 즉 실패에 익숙해지고 실패하는 것이 당연하다고 생각하면 안 된다는 뜻이다. 우선 실패를 인정하고 나서 실패의 이유와 원인을 찾고 실패하지 않는 방법을 배운 후, 다음에 위기가 닥쳤을 때는 멋지게 탈출한다. 실패한 경험을 가치 있는 경험치로 삼지 않으면, 헛된 경험으로 끝나고 만다.

수많은 위기를 통해 배워라. 위기는 경험하고 싶어도 할 수 없는 커다란 기회이니까.

77 ∷ 전략적 사고를 키우는 **업무의 기술**

읽고 싶은 책은
닥치는 대로 읽어라

연애 소설, 서스펜스, SF……. 소설에도 다양한 장르가 있다. 논픽션도 마찬가지이다.

"일 때문에 바빠 죽겠는데, 책 읽을 시간이 어디 있어?"

이렇게 말하는 사람도 있지만, 아무리 바빠도 책 읽을 시간 정도는 있을 것이다. 그렇다면 왜 책을 읽어야 할까?

책에는 한 사람이 죽을 때까지 결코 경험하지 못하는 많은 것이 담겨 있기 때문이다. 끈적끈적한 연애 소설이라도, 이런 일은 내 인생에서 일어날 리가 없다고 생각되는 내용이라도, 일을 하다 보면 의외로 비슷한 상황에 처하곤 한다.

한편 글을 많이 읽다 보면 자신도 모르는 사이에 글을 쓰는 능력이 향상된다. 또한 글을 이해하는 능력, 즉 독해력이 높아지면 어떤 일을 머릿속에서 정리하는 연습을 할 수 있다. 머릿속에서 정리되면 상대방에게 무언가를 전달할 때 논리적으로 설명할 수 있을 뿐만 아니라 글도 논리적으로 쓸 수 있게 된다.

나는 고등학교를 졸업할 때까지만 해도 책을 읽는 것을 무척 싫어했다. 책을 안 읽고 TV만 봤다. 그런데 진로에 대해서 고민하던 무렵, 서점에서 재미있을 것 같은 책을 발견해서 사 왔는데, 시간 가는 줄 모르고 그 자리에서 끝까지 읽은 적이 있다. 그때부터 읽고 싶은 책을 사 보기 시작했고, 지금은 적어도 1년에 300권 이상을 읽고 있다. 읽고 싶은 책만 읽을 뿐이지만, 사고력과 표현력이 점점 높아져서 일을 할 때도 큰 도움이 되고 있다.

출판된 책은 제삼자가 읽는 것을 전제로 쓰여서 일상생활에서는 설명할 필요가 없는 부분까지 세세하게 적혀 있다. 또한 책은 일종의 제품이기 때문에 서점에 진열되기까지 여러 사람의 손을 거친다. 이 과정에서 명확하지 않은 표현 등이 교정 또는 수정된다.

그렇다면 장르를 불문하고 읽어볼 가치가 있다. 화장실에서 일을 볼 때나 반신욕을 할 때도 책을 읽을 수 있다.

닥치는 대로 책을 읽으면서 표현력을 흡수하라. 책을 읽으면 독해력뿐만 아니라 자신의 생각을 표현하는 능력도 향상된다. 어떤 장르라도 좋으니까 읽고 싶은 책을 닥치는 대로 읽어라.

그때그때
서류 정리를 하라

정리 정돈은 매우 중요하다. 깨끗한 곳에서 일이 더 잘되는 것은 당연하고, 하나하나 정리하는 데 들이는 시간과 노력을 감안해도 정리된 상태에서 업무 효율이 더 높다.

정리에도 방법이 있다. 그 방법은 스스로 찾아야 하지만, 참고로 나의 방법을 소개하겠다.

새로운 업무를 시작할 때 그 업무는 하나의 서류로 정리한다. 파일 안에 넣어서 업무명을 적기만 하면 된다. 업무명이 적힌 파일이 서너 개 정도가 되면, 일단 전부 꺼낸다. 각각 다른 업무 사이에 관련성이 보이지 않는가? 시장 조사나 정보 등은 다양한 업무에서 활용할 수 있고, 때로는 새로운 기획의 힌트가 되기도 한다.

서류 정리는 몇 번의 시행착오를 거듭해서 가급적 사용하기 쉽고 찾기 쉽게 만들어야 한다. 업무명 옆에 날짜나 키워드 등을 적어서 자신에게 편한 방식으로 종류를 나누면 완벽하다.

그러나 서류 정리를 할 때 반드시 해야 할 일이 있다. 업무 정보나 자료가 생기는 즉시 정리하는 것이다. '나중에 시간이 나면 해야지.' 하고 미뤄두는 동안, 새로운 정보와 자료가 점점 쌓여간다. 머지않아 과거의 정보나 자료가 필요해지기도 하는데, 정리가 되어 있지 않으면 그것을 찾는 데 시간과 에너지를 낭비하게 된다. 뿐만 아니라 업무를 마감까지 끝내지 못하는 등 업무상의 피해도 발생할 수 있다. 그렇기 때문에 정보나 자료는 쌓아두지 말고, 그때그때 정리해야 한다.

서류가 제대로 정리되어 있지 않으면 갑자기 필요해졌을 때 그 서류를 찾는 일부터 시작해야 한다. 그러면 시간만 낭비할 뿐 서류를 정리하는 의미는 없어진다. 서류 정리는 효율적으로 일을 하는 데 있어 큰 무기가 된다.

다른 사람의 방법을 따라 해도 자신에게 맞지 않거나 잘 안 되는 경우가 많기 때문에 자신만의 서류 정리 노하우를 개발해서 실행하는 것이 좋다.

79 :: 전략적 사고를 키우는 **업무의 기술**

복사를 할 때도 누가 무엇을 위해서 사용할지 생각하라

신입 사원 시절에는 상사가 복사를 시키는 일이 많다. 그때 '어디에 사용할 것인지', '누가 볼 것인지', '몇 부가 필요한지', '용지 크기는 어떻게 해야 하는지' 등을 확인하는 것이 기본이다.

여기서 조금만 더 머리를 쓰자.

원본을 한 장씩 확인하자. 처음부터 접힌 상태로 인쇄되었다면, 원본에 접힌 흔적이 남을 것이다. 또한 원본에 얼룩이나 잘못 인쇄된 부분이 있으면, 그 부분은 수정액으로 깨끗이 지워서 복사물에 나타나지 않도록 한다.

회의에서 사용할 자료라면, 참가자 수보다 몇 부 더 여유 있게 복사해두자. 갑자기 참가자가 늘어날 수도 있기 때문이다.

또한 참가자 중에 연배가 있는 분이 있는 경우에는 글자가 잘 보이도록 확대 복사를 하는 것도 중요하다.

회사에 근무하던 무렵, 솔직히 나의 업무 능력은 늘 평균 이하였다. 그런데 미국인 상사는 그런 나를 지원했고, 남들보다 빨리 출세할 수 있게 해주었다. 경험이나 지식, 전문 능력에서 다른 사람보다 뒤쳐졌던 나를 상사가 높이 평가한 것은 이처럼 사소한 업무에서 발휘되는 '센스'였다고 확신한다.

 능력 면에서는 다른 사원들을 이길 수 없다고 생각한 나는 복사 등 센스가 필요한 업무에 주력했다. 중요한 업무밖에는 생각할 줄 모르던 다른 사원들은 복사 따위에 신경 쓸 여유가 없다며 대충하곤 했고, 결국 그들에 대한 상사의 평가는 점점 나빠졌다. 도저히 보고만 있을 수 없어서 "복사도 업무의 일환이니까 열심히 해라!"라고 충고해도, "그러면 앞으로 우리 몫까지 네가 하면 되겠네."라며 빈정거릴 뿐이었다.

 사소한 업무도 다른 사람들을 배려하며 최선을 다해야 한다. 그런 작은 노력이 조금씩 쌓이면, 업무에서 성과를 올렸을 때와 마찬가지로 자신에 대한 평가도 점점 쌓일 것이다.

 업무 능력이 비슷한 사람이 여러 명 있다면, 조금이라도 센스를 발휘하는 사람과 함께 일할 때 기분도 좋아지고 업무 효율도 높아질 것이다. 센스를 발휘하는 것은 '다른 사람의 입장에서 생각'하는 것이다. 결국 당신의 마음가짐에 달려 있다.

80 ::전략적 사고를 키우는 **업무의 기술**

벤처형 인간을 지향하라

'벤처형 인간'이라는 말을 들으면, 어떤 이미지가 떠오르는가? 남보다 탁월한 감성과 능력의 소유자로 통솔력과 도전 정신이 뛰어나고, 시대의 흐름을 잘 파악하고, 새로운 사업을 시작해서 성공하는 사람. 말하자면 '슈퍼맨'을 상상하고 있지는 않는가?

매스컴에 등장하는 벤처형 사장들을 보면, 누구랄 것 없이 슈퍼맨이 떠오른다. 그 안에 숨겨진 노력과 수행, 공부 등은 거의 드러나지 않는다.

벤처(venture)는 모험과 모험적인 시도, 투기 등으로 번역된다. 모험심을 가지고 도전하는 사람은 수많은 아이디어를 가지고 있다.

한편 모험가라고 불리는 사람들은 모험을 위해 많은 준비를 한다. 최악의 경우를 예상해서, 탈출 방법도 몇 가지 생각해둘 것이다. 자신의 목숨이 달려 있기 때문이다.

벤처형 인간은 모험심이 있는 사람을 말한다. 다양한 분야에 도전하는 정신 그리고 이를 위해 준비를 게을리하지 않는 마음가짐. 그것만 있으면, 사회에서 곤경에 처했을 때도 스스로 탈출하는 방법을 생각할 수 있다.

또한 벤처형 인간은 기업가라는 뜻도 있다. 회사원이라도 책임자가 되어 어떤 업무를 진행한다는 것은 자신이 모든 책임을 지겠다는 뜻이다. 이처럼 기업가 의식을 가진 사람도 벤처형 인간이라고 할 수 있다.

요즘 사회에는 샐러리맨 스타일로 살아가는 사람이 대다수다. 회사원 중에는 벤처 스타일로 일하고 살아가는 사람, 벤처형 인간이 거의 없다. 그러나 불황이 계속되고 있는 지금, 기업은 벤처형 인간을 원한다. 때문에 젊을 때부터 벤처형 인간을 지향하지 않으면, 그만큼 승자가 될 가능성은 낮아진다.

벤처형 인간은 책임감이 강하기 때문에 신중한 면도 있지만, 한편으로는 모험심이 강하고 창의력이 넘치는 도전가다.

사회가 벤처형 인간을 원한다면, 그런 사람이 되려고 끊임없이 자기 변혁을 거듭해야 한다.

81 :: 전략적 사고를 키우는 **업무의 기술**

매일매일
작은 성공 경험을 쌓아라

앞서 말한 것처럼 위기와 실패는 소중한 경험이다. 위기와 실패를 겪으면, 순조로운 인생에서는 얻을 수 없는 능력이 생긴다. 그렇다고 '실패'에 익숙해지면 안 된다.

모순된 말처럼 들릴지도 모르지만, 곰곰이 생각해보면 같은 이야기라는 사실을 이해할 수 있다. 위기나 실패를 거듭하는 과정에서 실패에 익숙해지는 것이 아니라 역경에 강해져야 한다. 절대로 실패만 하라는 얘기가 아니다.

'성공'에도 익숙해질 필요가 있다.

'아직 제대로 된 업무를 맡은 적도 없는데, 어떻게 성공을 하라는 것인가?'

아주 작은 업무라도 상관없다.

'작은' 성공 경험이라도 상관없다. 지금까지 못한 별것 아닌 일을 오늘 해내면 된다. 예를 들어, 허구한 날 영업을 나갔지만 사장과 만난 적이 단 한 번도 없었는데 오늘 처음으로 만나주었다든지, 사람들 앞에서 말하는 것이 서툴렀는데 오늘 조례 시간에 처음으로 술술 얘기해서 사람들에게 칭찬을 받았다든지……. 작은 성공 경험을 쌓으면서 자신감을 얻는 것이 중요하다.

나도 작은 성공 경험을 쌓으면서 자신감을 가지고 일했다. 물론 실패한 적도 많았다.

그러나 성공 경험을 쌓아가다 보면 성공하는 데 익숙해지고, 실패는 다음의 성공을 위한 중요한 반성 및 분석 재료가 되었다.

텍사스 경영대학원(비즈니스 스쿨)에서 비즈니스 관련 수업을 맡게 되었을 때, 한동안은 실패의 연속이었다. 목소리가 너무 작아서 대부분의 학생이 수업 내용을 이해하지 못했다든지, 틀린 내용을 가르쳤다든지, 시간 배분을 잘못해서 시험 범위까지 진도를 나가지 못하는 등 예를 들자면 한도 끝도 없다. 그러나 매번 실패할 때마다 대책을 강구하고 다음에는 성공할 수 있도록 철저하게 준비했다.

그러자 실패 경험은 조금씩 성공 경험으로 바뀌기 시작했다. 결국 대학원 측에서 2년 계약을 7년으로 연장했다.

위기나 실패를 경험을 하고, 매일매일 작은 성공으로 '성공의 기쁨'을 느끼면, 더 큰 성공으로 이어질 것이다.

82 ::전략적 사고를 키우는 **업무의 기술**

우선 눈앞에 있는 업무에 최선을 다하라

업무에 어느 정도 익숙해질 무렵, 처리해야 할 업무가 물밀듯이 밀려오기 시작한다. 업무를 맡으면 먼저 일정을 생각해야 한다. 우선순위를 정하고, 확실히 구별할 수 있도록 정리한다. 그러고 나서 무엇을 위한 업무인지 이해했다면, 눈앞에 있는 업무에 최선을 다하라. 그러나 여러 가지 업무를 병행하면, 집중력도 떨어지고 실수할 가능성도 커진다.

업무는 시간 순서대로 정리하라. 몇 시까지 지금 하는 업무를 끝내고 다른 업무를 시작한다는 식으로 말이다. 그러나 한 가지 업무를 하는 동안에는 집중해서 그 업무에 매진해야 한다. 그렇게 하면 일을 빨리 배울 수 있을 뿐만 아니라 생산성도 높아지고, 결국은 자신에 대한 평가도 높일 수 있다.

회사 경영, 고문을 맡는 기업에 대한 경영 지원 및 컨설팅, 다른 회사의 임원 활동, 집필 활동과 잡지에 실을 원고 작성, 사내외 조직이 주최하는 강연, NPO 법인과 자선 사업 단체의 이사장 및 이사 활동, 교육·연구 기관에 지원. 내가 매일매일 하는 일들이다.

  모두 다른 종류의 업무라서 동시에 진행할 수밖에 없다. 그러나 눈앞에 있는 업무에 최선을 다하지 않으면 집중력이 떨어지고 리듬이 무너지면서 다른 활동까지 영향을 주게 되어, 결국 모든 업무가 엉망진창이 될 것이다.

  업무에 최선을 다하면 그만큼 집중력도 높아진다. 여기에 익숙해지면, 짧은 시간 안에 많은 양의 업무를 처리할 수 있게 되고 업무 효율도 점점 높아진다.

  상사가 당신의 그런 모습을 본다면, 조금씩 높게 평가하면서 나중에는 중요한 업무도 맡길 것이다. 눈앞에 있는 업무에 최선을 다한다면, 만에 하나 실수했다고 해도 평가는 떨어지지 않는다.

  자신의 한계에 도전하는 자세로 엄살 부리지 않고 끊임없이 노력하는 모습을 보고, 상사나 주변 사람들은 당신을 격려하고 응원할 것이다. 눈앞에 있는 업무를 '처리'하는 것이 아니라 '최선을 다해서 효율적으로' 하라.

83 :: 전략적 사고를 키우는 **업무의 기술**

질문하기 전에
자신의 해답을 제시하라

'모르는 것이 있으면 일단 질문하라!'는 말이 있다. 그러나 질문하기 전에 먼저 자신의 해답을 제시하는 것도 좋은 방법이다. 전혀 모르면서 질문하지 않는 것도 문제지만, 생각도 하지 않고 처음부터 질문하는 것은 '나는 바보'라고 말하는 것과 같다.

'모른다'는 상태에는 두 가지 종류가 있다. 첫 번째는 '아무리 생각해도 해답을 찾을 수 없는' 상태. 그리고 두 번째가 '이야기를 듣자마자 모르겠다'는 것이다.

자신이 질문을 받는 입장이라고 생각해보자. 업무 지시를 내리자마자 질문을 받으면 어떤 생각이 들까?

'스스로 생각해!'라고 생각할 것이다. 질문에도 방법이 있다. 틀려도 좋으니까 먼저 스스로 생각하라. 그러다 보면 생각이 점점 분명해진다. 그리고 해답이 나왔을 때 상사에게 "이것은 이러이러하니까 이런 식으로 하면 될까요?"라는 식으로, 무엇을 어떻게 생각해서 나온 해답인지 알 수 있게 질문하면 된다. 질문은 단지 '묻는다'는 뜻이 아니다.

생각 끝에 찾은 해답, 또는 생각해도 해답을 찾지 못한 경위를 분명하게 설명하고 나서 묻는 것이다.

신입 사원 시절, 굉장히 바쁜 상사 밑에서 일한 나는 아무리 생각해도 모르는 부분에 대해서는 질문했지만, 그 전에 철저하게 조사했다.

그렇지 않아도 머리가 나빠서 상사에게 폐를 끼치고 있었기 때문에 혼자 할 수 있는 일은 스스로 하면서 상사의 시간과 수고를 덜려고 노력했다.

일단 잠시 하던 것을 멈추고 스스로 생각하는 습관을 길러라. 스스로 생각해서 나온 해답이 비록 틀렸어도 결코 쓸데없는 것이 아니다. 해답이 맞았는지 여부보다 생각하는 과정이 훨씬 중요하다. 생각하는 과정이 옳다면, 앞으로 그 문제에 관해서는 옳은 해답을 찾을 수 있다.

무슨 일이든지 다른 사람에게 질문하기 전에 스스로 생각하는 습관을 들이면, 창의력과 문제 해결 능력이 비약적으로 발전할 것이다. 비즈니스에 관한 한 해답은 반드시 하나가 아니다. 따라서 나름대로 해답을 찾고 자신만의 방법으로 실행하는 것도 사회인으로서 당연히 해야 일이다.

84 ∷ 전략적 사고를 키우는 **업무의 기술**

일 잘하는 사람의 언동을 배워라

    고문을 맡고 있는 벤처 기업을 방문한 일이 있었다. 너무 이른 시간이어서 사장이 아직 출근하기 전이었다. 담당자를 만나려고 들렀더니 전화 중이었다. 일부러 엿들을 생각은 없었지만, 언제나 그렇듯이 능숙하게 전화를 받는 그녀의 목소리가 귀에 들어왔다.

    "전화 주셔서 감사합니다. ○○○주식회사입니다."

    "……." (전화 상대의 목소리는 들리지 않았다)

    "○○○공업의 히가시다 과장님이시군요. 항상 수고 많으십니다. 저는 경영 기획실의 다이키라고 합니다. 마치다 말씀입니까. 마치다는 오늘 오전 중에 고객을 방문하고, 오후 1시에 돌아올 예정입니다. 급한 일이시면, 제가 바로 연락드리도록 조치를 취하겠습니다만. 아니시면 제가 대신 용건을 듣고 처리해드리겠습니다."

    적절한 목소리 톤과 말하는 속도. 너무나 능숙한 대응에 감탄한 나머지 무언가에 홀린 듯 멍하니 있었다. 그러자 그 직후에 다시 전화가 걸려왔고, 신입 사원인 듯한 젊은 여성이 전화를 받았다.

"○○○주식회사입니다."

"……." (상대방)

"마치다 씨는 아직 안 왔는데요……."

"……." (상대방)

"네! 저는 입사한 지 얼마 안 돼서 자세한 내용은 잘 모릅니다. 마치다 씨가 언제 올지 들은 얘기도 없고……. 본인이 아니면 잘 모르지 않습니까. 저기요, 나중에 다시 걸어주시겠어요?"

두 사람의 차이는 충격적일 만큼 컸다.

베테랑과 신입 사원이라고는 해도 두 사람이 같은 회사, 같은 부서의 사원이라는 사실을 믿을 수 없었다.

원래 전화 응대가 서투르다고 해도, 그렇게 능숙하게 전화를 받는 선배가 바로 옆에 앉아 있는데 어째서 그 신입 사원은 선배의 장점을 배우지 않는지 이해할 수 없었다.

업무 환경이 개인주의화·획일화되었다고는 해도, 일 잘하는 사람의 언동에서 배우는 것이야말로 가장 효율적이고, 효과적인 업무 습득 방법이다.

85 ::전략적 사고를 키우는 **업무의 기술**

전화로는 핵심만 간단히 말하라

다른 사람과 약속을 할 때, 전화를 사용하는 일이 많아졌다. 최근에는 이메일을 사용하는 경우도 있지만, 최종적으로 결정을 내리거나 확인할 때는 아직도 전화가 일반적이다.

전화를 거는 경우, 상대방이 그 시간에 무엇을 하는지 알 수 없다. 전화를 거는 것은 상대방의 시간을 갑자기 방해하는 행위라는 점을 잊어서는 안 된다. 비록 상대방이 기분 좋게 전화를 받았다고 해도, 보통은 하던 일을 중단한 상태이다. 때문에 전화로는 가능한 한 핵심만 간단히 말해야 한다.

만약 오래 걸리는 내용이라면, 전화를 걸기 전에 이메일을 보내라. '드릴 말씀이 있는데 시간이 조금 걸릴 것 같습니다. 괜찮은 시간을 알려주시면 제가 그 시간에 전화 드리겠습니다.'라는 내용의 이메일을 보내서 처음부터 양해를 구하면, 상대방도 마음의 준비를 하고 시간을 비워놓을 것이다.

고문을 맡은 회사에서 일류 대학, 대형 상사 출신의 중견 간부를 고용하게 돼서 최종 면접에 동석해달라는 사장의 부탁을 받고 참석한 적이 있다. 이력서도 훌륭하고 사람도 괜찮아 보여서 문제가 없다고 판단했고, 결국 채용이 결정되었다.

그런데 그에게는 심각한 문제가 있었다. 그는 '전화광'이었던 것이다. 일단 전화를 걸면 끊을 줄을 몰랐다. 결국 고객들은 '전화광'인 그를 더는 상대하지 않게 되었고, 그는 구조 조정 명단에 오를 만한 별 볼 일 없는 사원밖에는 얘기할 사람이 없었다. 그도 그럴 것이 일단 통화를 시작하면 30분은 기본. 경우에 따라서는 한 시간씩 수다를 떨 때도 있다. 상대방도 참기 힘들었을 것이다.

나중에 회사가 급여 체계를 인센티브제로 전환하면서, 이렇다 할 성과를 올리지 못한 그는 회사를 그만둘 수밖에 없었다. 허구한 날 전화로 수다나 떨고 있었으니 당연한 일이다.

무슨 일이 있어도 짧게 통화해야 하는 것은 아니지만, 전화는 갑작스런 방문자라는 사실을 잊으면 안 된다. 업무상의 전화로 상대방의 시간을 빼앗는 일이 없도록 주의하고, 통화는 핵심만 간단히 하라!

86 ::전략적 사고를 키우는 **업무의 기술**

회의에서 흐름을 끊는
얘기나 질문은 하지 마라

회사에는 다양한 회의가 있다. 이사회, 경영 회의와 같은 격식 있는 회의부터 부서나 팀에서 하는 가벼운 회의도 있다. 모든 회의에서 활발한 논의가 이루어지고, 이렇다 할 결론이 나오는 것은 아니다.

하지만 그런 회의라고 해도 시간 낭비라고 말할 수는 없다. 다양한 생각과 배경, 책임을 짊어진 사람들이 얼굴을 마주하고 같은 주제로 고민하는 것은 매우 중요한 일이다. 누군가의 사소한 발언에서 힌트를 얻고, 혼자서는 생각해낼 수 없는 훌륭한 지혜나 아이디어가 나오기도 한다.

그런데 참가자 전원이 한 가지 의제를 가지고 열심히 논의하고 있는 상황에서, 분위기 파악 못하고 아무 생각 없이 돌출 발언이나 질문을 해대는 사람이 있다. 본인은 진지하게 말하는 것일지도 모르지만, 회의의 흐름과 취지를 제대로 이해하지 못하는 것이다. 극단적으로 말하면, 회의의 내용을 공유하지 못하는 사람은 그냥 입 다물고 앉아 있으면 된다. 그러나 그 사람 때문에 회의의 흐름이 끊기고 혼란이 발생하면, 참가자 전원의 시간뿐만 아니라 의욕까지 빼앗는 셈이 된다.

설령 논의에 참가하지 못하거나 이해가 안 돼서 질문하고 싶어도, 우선 분위기를 파악하라. 분위기를 파악하는 것도 진지하게 회의에 참가하는 것이다. 다른 사람의 이야기를 열심히 듣다 보면, 의문이 풀릴지도 모른다. 그리고 논의를 진행하는 도중에 질문 시간이 있을지도 모른다. 그때 조금 전에 얘기한 이런 내용에 대해 이렇게 생각했지만 솔직히 잘 모르겠다는 식으로 요점을 확실히 짚어서 질문하라. 그렇게 하면 회의의 흐름을 끊는 일은 없을 것이다.

이해하지 못하는 것은 죄가 아니다. 그러나 참가자의 시간을 빼앗거나 혼란을 초래하는 것은 큰 죄라는 점을 명심하라.

한편 회의에서 이렇다 할 결론이 나오지 않아도 초조해할 필요는 없다. 비록 결론은 없지만 건설적인 논의가 이루어질 수도 있다. 단, 그 회의를 무의미한 시간으로 만들지 않으려면 반드시 회의를 끝내고 나서 다음 회의까지 누가 무엇을 할지를 확인하라.

87 :: 전략적 사고를 키우는 **업무의 기술**

회의 중에 서류를 건네받았다면
먼저 상사에게 보여라

거래처 사람과 회의를 하는 경우에는 양측에 판단을 내리는 사람, 즉 결정권을 가진 사람이 있기 마련이다. 당신의 경우, 그 사람은 상사일 것이다. 회의 중에 어쩌다 앉은 위치 때문에 상대방이 당신에게 서류를 건네는 일도 있을 수 있다. 또한 거래처 사람이 결정권을 가진 상사에게 보여달라는 뜻으로 당신에게 서류를 건네는 일도 있을 것이다. 이때 분위기 파악을 못하는 사람이나 센스가 없는 사람은 자신에게 보라는 뜻인 줄 알고, 상사에게 건네기는커녕 상사를 제치고 본인이 서류를 읽기 시작한다.

이런 일을 셀 수 없을 만큼 많이 경험했다. 어떤 때는 서류를 건네는 쪽이었고, 또 어떤 때는 서류를 건네받은 쪽이었다. 상대측의 의사결정자에게 보여주려고 건넨 서류를 부하 직원이 읽기 시작했을 때는 '제발 부탁이니까 상사에게 보여줘!'라고 마음속으로 외쳤다. 그 서류가 상대측 상사의 손에 도착할 때까지 하던 얘기를 중단해야 했기 때문이다. 자료가 없으면 상대방이 제대로 이해할 수 없기 때문에 무시하고 계속 설명할 수도 없다. 최악의 경우, 정해진 시간이 끝나버리면 보통 상대측 상사가 제대로 이해하지 못한 상태에서 회의를 마치게 된다.

반대의 경우도 있다. 나의 모토는 스피드 경영이기 때문에 무슨 일에서든 가능한 한 빨리 결단을 내린다. 워낙 바쁘기도 해서, 처음 맡는 업무라고 해도 가급적 회의 중에 결정하고 싶은 것이 솔직한 심정이다. 그래서 부하 직원이 의사 결정에 필요한 자료를 즉시 나에게 건네주지 않을 때는 엄청나 스트레스가 쌓인다. 상대측 설명은 이해가 되지 않고, 결국 판단도 내릴 수 없기 때문이다.

누가 지적하지 않아도 거래처 사람이 서류를 건네면 즉시 상사에게 보여라. 결정권이 없는 사람이 먼저 볼 필요는 없다. 비록 짧은 메모라고 해도 중요한 내용이 담겨 있을 수 있다. 상사가 보여주며 의견을 물으면, 그때 서류를 읽고 자신의 생각을 말하면 된다. 결정권이 없는 동안에는 멋대로 판단하면 안 된다는 것이 비즈니스의 기본적인 기술이다. 또한 거래처와의 회의는 일종의 전쟁이라는 점도 잊으면 안 된다.

88 ::전략적 사고를 키우는 **업무의 기술**

최선을 다하고, 결과는
있는 그대로 받아들여라

눈앞에 있는 업무에 집중해서 최선을 다하라는 이야기를 했다. 그러나 '열심히 했다'고 해도, '집중해서 했다'고 해도 반드시 성공한다는 보장은 없다. 이것이 바로 업무라는 것이다.

열심히 한 만큼 반드시 좋은 결과가 나올 거라고 생각해도 자신이 깨닫지 못하는 실수를 했을 수도 있다.

그런 경우에 당신은 어떤 생각을 하는가?

"열심히 했어도 성공하지 못하면 아무런 의미가 없어."

라며 의욕을 상실할 것인가?

그렇지 않으면

"결과적으로 실수는 했지만, 여기까지 오는 과정에서 많은 것을 배웠어. 다음에는 실수하지 않도록 노력하자!"

라며 활력을 되찾을 것인가?

물론 후자가 바람직한 자세라는 것은 말할 필요도 없다.

신입 사원 시절에는 실패를 했다고 해도 크게 비난받지 않는다. 혹시 실수라도 할까 두려워하면서 일을 하다 보면, 간단한 업무에서도 같은 실수를 되풀이할 수 있다. 사소한 실수에 신경 쓰지 말고 대담하게 도전해야 경험치를 높일 수 있다.

또 한 가지, 신입 사원이 실수를 했다고 해도 회사에 큰 손실이 생기는 일은 없다. 그렇게까지 중요한 업무를 신입 사원에게 맡길 리가 없기 때문이다. 어떤 의미에서 신입 사원의 실수는 어느 정도 예상하고 있는 부분이기도 하다.

그렇다고 해서 마음껏 실수해도 된다는 얘기는 아니다. 업무는 집중해서 최선을 다하고, 빈틈없이 진행해야 한다. 그런 자세로 열심히 했다면, 최악의 결과가 나와도 얻는 것이 있다는 말이다. 실수를 하면 왜 실수했는지 생각할 수 있는 좋은 기회를 얻었다고, 좋은 의미로 낙천적으로 받아들여라.

실수나 실패를 잊어버리는 것이 아니라 성공의 발판으로 삼는 것이야말로 가장 중요한 마음가짐이다.

실패를 두려워하며 위축되기보다는 일단 최선을 다해서 업무에 임하라.

89 ::전략적 사고를 키우는 **업무의 기술**

업무 일지를
반성의 기회로 삼아라

요즘은 업무 일지를 쓰지 않는 회사도 있지만, 업무 일지를 반드시 쓰도록 해라. 앞서 하루를 시작하면서 오늘 해야 할 일의 목록을 작성하라고 했다. 목록에 적힌 업무의 성과를 평가하는 일이 중요하기 때문이다.

그렇다면 업무 일지는 최적의 수단이 될 것이다. 다소 시간이 걸리더라도 날마다 쓰자. 목록에 나와 있는 대로 업무를 끝냈는지, 어떤 업무에서 시간이 오래 걸렸는지 그리고 그 이유는 무엇인지 그날 중으로 파악해야 한다.

단순히 일정을 정리하는 것만으로는 부족하다. 어차피 시간을 들여서 쓸 거라면, 그날 아침에 계획한 업무와 실제 업무를 비교해야 한다. 즉 반성하는 것이다.

그날 중으로 반성하고 대책을 강구하면, 다음 날까지 그 문제를 끌고 가지 않아도 된다. 뿐만 아니라 다음 날에는 전날의 반성과 대책을 바탕으로 행동할 수 있다.

하루를 마치면서 그날을 돌아보는 것은 업무와 마음가짐을 정리하는 일이기도 하다. 그렇게 하면 업무 효율도 높아진다.

회계 사무소, 변호사 사무소, 컨설팅 회사와 같은 전문적인 회사에서는 구체적인 시간표를 매일매일 작성한다. 회사에 따라 다르겠지만, 내가 근무하던 미국의 국제 회계 · 경영 컨설팅 회사에서는 30분 단위로 어떤 고객과 어떤 업무를 했는지 날마다 구체적으로 기록해야 했다. 때문에 모든 사원이 항상 업무 효율과 스피드를 의식하며 행동했나. 1분 1초를 아까워하며 일하는 모습에서는 비장함까지 느껴졌다.

당시에는 기계처럼 일하는 모습이 좋지는 않았지만, 매일 시간표를 삭성하던 경험 덕분에 프로로서 보다 효율적으로 일하는 방법을 찾아내고 실행하는 자세가 몸에 뱄다.

업무 일지를 적는 것은 시간표를 작성하는 것보다 훨씬 쉽다.

결론부터 말하라

'기승전결'에 따라 글을 쓰면 좋은 글이 완성된다.

'기(起)'……문제 제기, '승(承)'……기(起)를 이어, '전(轉)'……기(起)·승(承)에 대한 반론을 전개하고, '결(結)'……전체적인 결론을 내린다. 기승전결은 본래 한시, 그중에서도 절구(絶句)의 구성법에서 유래했다. 또한 수학의 증명 문제에서도 사용된다. 이것이 가장 논리적인 형태이기 때문이다.

그러나 대화는 리듬이다. 또한 입에서 나온 순간 과거의 것이 되어 정확하게 반복하기도 어렵다. 기승전결에 따라 이야기하려고 해도, 중간에 질문을 하거나 동의를 하는 등 누군가가 이야기의 흐름을 끊으면 '결'까지 가지 못하는 일도 잦다. 특히 비즈니스에서는 처음부터 장시간에 걸쳐서 설명을 하면, 관심을 끌기가 어려워진다. 그렇기 때문에 먼저 결론부터 말해야 한다.

가령 제품을 팔려고 누군가와 이야기를 한다고 하자. 그 제품은 가볍다는 장점을 지닌 OA 기기다.

"기존의 OA 기기는 무게 때문에 가지고 다니기 불편하다는 단점이 있습니다. 그런데 저희 회사의 기술직 사원들이 그 단점을 해결하려고 오랜 연구를 거듭해서 배터리 부분을 작게 만들었습니다. 그렇다고 해도 이용 시간이 짧아지면 가지고 다니기에 편리하다는 이 제품의 특징을 살릴 수 없습니다. 시행착오 끝에 가까스로 그 문제를 해결했습니다. 바로 이 제품이 6시간 충전으로 12시간 연속 사용이 가능한 OA 기기입니다. 셔츠 주머니에 넣고 다닐 수 있을 만큼 가볍습니다!"

이것보다는 "이것은 셔츠 주머니에 넣고 다닐 수 있을 만큼 가벼운 OA 기기입니다."라고 결론부터 말할 때 더 관심을 끌 수 있지 않을까? 고객에게는 세부적인 기술이나 개발 과정보다 결과가 중요하다.

일단 고객이 결과에 관심을 가지게 되면 '어떻게 그런 일이 가능했는가?'라고 질문할지도 모른다. 결론 외의 내용을 모두 전달할 필요는 없다. 또한 상대방도 그다지 듣고 싶지 않을지도 모른다.

결론부터 말하라. 이것이 상대방의 관심을 끄는 효과적인 비즈니스 화술이다. 제품을 팔 때 중요한 것은 과정보다 결과이기 때문이다.

91 :: 전략적 사고를 키우는 **업무의 기술**

실수를 겸허하게 인정하라

사람은 누구나 실수를 한다. 실수에 실수를 거듭하고, 계속해서 실수를 하기 때문에 사람이다. 가장 쉽게 저지르는 실수는 바로 실수를 인정하지 않는 것이다.

작은 실수라도 결코 인정하지 않으려는 사람이 많다. 형사 사건이 될 만한 엄청난 실수가 아니라 누구나 할 수 있는 사소한 실수인데도 말이다. 그냥 '미안합니다.', '실례했습니다.' 라고 말하면 될 것을 끝까지 인정하지 않다가 서로 기분만 상하는 일도 종종 있다.

"구미에서는 절대로 먼저 사과하면 안 돼. 먼저 사과했다가는 재판에서 진다니까."

이렇게 말하며 자신의 실수를 인정하지 않는 사람이 있었다. 이 이야기 또한 실수다. 첫 번째로 실수를 인정하지 않았다는 실수. 그리고 두 번째로 구미에서는 절대로 사과하지 않는다고 말한 실수. 이런 얘기는 교통사고가 났을 때나 해당하는 말이다.

소송 왕국인 미국에서는 사고가 발생했을 때 '변호사가 올 때까지 말하지 않는 편이 유리하다'는 말이 있는데 이는 특수한 경우이다. 때문에 어떤 경우에도 구미 사람들은 실수를 인정하지 않는다는 말은 사실이 아니다.

미국에 있을 때 미국인 친구들은 평소에 실수를 하면 금방 인정하고 사과했다. 내가 자동차 문 앞에서 등을 돌리고 전화를 하고 있는데, 친구가 갑자기 문을 여는 바람에 부딪힌 적이 있었다. 그러자 "쏘리."라고 금방 사과했다. "다친 데는 없어?"라고 걱정하기까지 했다. 그 상황에서 친구가 사과하지 않았다면, 나는 분명히 화가 났을 것이다. 친구 관계까지 틀어졌을지도 모른다.

일을 하다가 실수를 했을 때도 마찬가지이다. 실수를 했다면 겸허하게 인정하라. 변명할 기회가 주어졌을 때, 어떤 이유로 실수를 했는지 설명하면 된다. 한편 다른 사람의 실수를 지적할 때는 그 이유까지 말해주어야 한다. 그렇지 않으면 그 사람은 끝내 실수의 원인을 찾지 못할 수도 있다.

실수를 인정하면 더는 같은 실수를 하지 않게 된다. 사람은 누구나 실수할 수 있다. 스스로 깨달았거나 지적을 받아서 깨달았는지에 관계없이, 실수를 하면 즉시 인정하고 사과하는 자세야말로 비즈니스에서 오랫동안 성공할 수 있는 비결이다.

:: 전략적 사고를 키우는 **업무의 기술**

생각이 막히면 글로 써서 정리하라

　무언가를 골똘히 생각할 때 방 안을 돌아다니는 사람이 있다. 공원에서 산책하는 사람도 있다. 화장실에 틀어박힌 채 나오지 않는 사람도 있다. 생각이 막히면 자신도 모르게 그런 행동이 나오는 모양이다.

　생각을 하다가 막혔을 때, 해결 방법은 사람마다 다를 것이다. 그러나 모든 사람이 효과적으로 사용할 수 있는 방법이 한 가지 있다. 그때까지 생각한 과정을 글로 적는 일이다.

　'다람쥐 쳇바퀴 돌듯'이라는 말이 있다. A에서 시작해서 B를 거친 다음 C에 이르렀는데 결론이 나지 않았다. 그래서 방법을 바꾸어 C에서 A 그리고 B. 그래도 결론에는 이르지 못하는 상황을 말한다.

　그렇다면 왜 결론이 나지 않는 것일까? 그것은 생각의 방향을 바꿔도 생각의 본질이 바뀌지 않기 때문이다. 그래서 같은 길을 몇 번이고 왔다 갔다 하는 것이다. 누구나 그런 경험이 있을 것이다. 하지만 머릿속에서만 생각하다 보면, 같은 범위에서 순서만 바꾸고 있다는 사실을 깨닫지 못한다.

여기서 한 가지 제안을 하면, 일단 생각하는 것을 글로 써라. 무엇을 어떻게 생각했는지 구체적으로 쓰는 것이다. 글로 쓰면 어디서 잘못된 생각을 했는지, 또는 다른 식으로 생각할 수 있는 방법이 보이기 시작한다. 쉽게 결론이 나왔을 때는 굳이 쓰지 않아도 된다. 그러나 생각이 막혔을 때 글을 쓰면 큰 도움이 된다. 적어도 다람쥐 쳇바퀴 도는 상황은 피할 수 있다.

신기하게도 글을 쓰면 저절로 생각이 정리되는 경우가 종종 있다. 뿐만 아니라 다른 길도 보이기 시작한다.

그러다 보면 해결의 실마리를 찾을 수 있다. 아예 처음부터 생각의 방향이 잘못되었을 수도 있고, 마지막에 가서 작은 실수를 했을 수도 있다. 생각을 글로 쓰면 객관적으로 바라볼 수 있게 된다.

객관적으로 바라볼 수 있게 되면, 이제는 그 시점을 바탕으로 생각을 점검해나가면 된다. 생각을 글로 쓰면 생각지도 못한 지혜나 창의력을 발휘할 수 있다.

93 ::전략적 사고를 키우는 **업무의 기술**

다른 사람을 비판할 시간이 있으면 먼저 자신을 갈고닦아라

지금 시대에는 '온 국민이 평론가'이다. 연예계는 물론 정치나 경제에 대해서도 누구나 비판과 평론을 한다. 물론 그 타깃은 사회적인 화제에만 국한되지 않는다. 오피스 건물이 늘어선 지역의 레스토랑 또는 술집에서 회사의 경영 방침이나 상사에 대해 평가하고 비판하고 평론하는 장면은 흔히 볼 수 있다.

얼마 전까지만 해도 술자리에서는 보통 평소에 쌓였던 울분을 터뜨리곤 했다. 쉽게 말하면 '불평'을 했다. 그런데 지금은 불평 같은 사소한 얘기가 아니라 통렬한 비난이나 중상모략으로 변하고 있다. 다른 사람을 평론하고 비판할 시간에 스스로를 되돌아보면, 자신의 성장에도 도움이 된다는 사실을 깨닫기 바란다.

평론과 비판에서는 자신이 주체이고 타깃은 언제나 다른 사람이다. 자신은 평론과 비판의 영역 밖에 있으면서, 무조건 자신이 옳다고 주장한다. 즉 자신이 성장하는 데는 아무런 도움도 되지 않는다.

다른 사람을 험담할 시간이 있으면, 먼저 자신을 갈고닦아라. 그렇다고 퇴근 후에 학원에 가서 공부하라는 얘기가 아니다. 좋아하는 책을 읽고, 좋아하는 음악을 들으러 가고, 동호회에 참가하는 등 자신을 갈고닦을 수 있는 방법은 많다. 퇴근 후에 외국어를 배우거나 경영대학원에 다니는 것도 좋은 방법이다.

동료와 함께 시간을 보내는 것이 무조건 나쁘다는 얘기가 아니다. 그것도 자신을 갈고닦는 데 도움이 될 수 있다. 이를테면 동료의 업무 진행 방식이나 학생 시절의 경험 등 자신과 다른 경험을 듣는 것이다. 모든 시간을 자신을 갈고닦는 데 쓰라는 얘기도 아니다.

'자신을 갈고닦겠다'는 마음가짐이 중요하다. 그 마음은 의식하지 않으면 좀처럼 몸에 배지 않는다. 평소부터 '자신을 발전시키겠다', '자신을 갈고닦겠다'고 끊임없이 다짐해야 한다. 그러다 보면 다른 사람을 평론하는 시간이 얼마나 무의미한 행동이었는지 깨닫게 될 것이다.

어디에 가든지, 무엇을 하든지 자신을 갈고닦자.

그것이 성공의 열쇠이다.

의견과 제안에 반대할 때는
명확한 이유와 대안을 제시하라

회의를 하거나 상사의 지시를 받거나 동료와 대화할 때, 의견이나 결론이 다르거나 또는 전혀 이해할 수 없는 얘기가 나오는 일은 얼마든지 있을 수 있다. 그런 상황에서 무조건 반대하면 안 된다. 반드시 논리적인 반대 이유를 제시해야 한다.

예를 들어 누가 한 달 동안 생각한 제안을 면밀하고 상세한 자료와 함께 제출했다고 하자. 프레젠테이션 연습도 했다. 한참 고민해서 인상에 남을 만한 표현을 사용한다. 회의 참가자에게 나누어줄 서류도 열심히 맞춤법을 체크하고 컬러 프린터로 인쇄했다. 기획에 대한 열의도 확실히 전달했다. 언뜻 완벽해 보인다.

프레젠테이션이 끝나고 회의 참가자들이 자료를 읽으면서 펜으로 이리저리 체크하고 있는데 누군가가 "이 기획 말인데요, 왠지 좀 그런데요."라고 말했다면 어떤 기분이 들까?

우선 제안자는 "어떤 이유로 그렇게 생각하셨나요?"라고 질문할 것이다. 그런데 상대방이 "아니, 그러니까 왠지 그냥."이라고 대답했다면 어떤 생각이 들까?

회의에서는 사소한 말 한마디 때문에 논의의 흐름이 전혀 다른 방향으로 바뀌곤 한다.

따라서 어떤 제안에 반대할 경우에는 가능한 한 구체적으로 어느 부분이 어떻게 자신의 의견과 다른지 명확히 설명해야 한다. 그렇게 하면 제안한 사람도 반박할 구실을 찾을 수 있다. 단지 깜빡하고 설명하지 않았거나 서류에 적지 않은 경우라면, 반대 의견에 대해 납득할 수 있는 설명을 하고 회의도 긍정적인 방향으로 진행될 것이다.

업무에서는 구체성이 중요하다. 요즘 '이미지'라는 말이 자주 사용되는데, 그 이미지를 구체화시키는 것이 바로 비즈니스이다.

무심코 던진 한마디에 중요한 회의의 흐름을 크게 바뀔 수 있다. 그리고 반대할 경우에는 합리적이고 명확한 이유와 대안을 제시하는 것이 매너이다.

95 ::전략적 사고를 키우는 **업무의 기술**

피곤하면 무리하지 말고 쉬어라

눈 밑에 다크서클이 생기고 얼굴색도 안 좋은 데다 잠을 못 잤는지 충혈된 눈으로 일을 하는 사람이 있다. "좀 쉬는 게 어때?"라고 말하면, 언제나 그렇듯 똑같은 대답이 돌아온다.

"지금 내가 쉬면 다른 사람들이 힘들어지잖아."

과연 그럴까?

사람은 잠이 부족하면 판단력이 흐려진다. 판단력이 흐려지면 사고력이 떨어지고 행동도 둔해진다. 집중력도 떨어져서 어처구니없는 실수를 저지를 가능성도 높아진다.

사실 "지금 내가 쉬지 않으면 다른 사람들이 힘들어지잖아."라는 말이 정답이다. 지금 30분 정도 쉬고 나면, 어느 정도 컨디션을 회복할 수 있을지도 모른다. 2~3일 야근하지 않고 집에 돌아가서 휴식을 취하면, 다시 활기차게 일할 수 있는 체력을 회복할 수 있을 것이다.

그러나 다 죽어가는 얼굴로 계속 일을 하면, 저항력이 떨어져서 병에 걸릴 가능성이 높아지고 때로는 쓰러지는 일까지 발생한다. 그 상태로 일주일이나 열흘 동안 입원이라도 하게 되면, 다른 사람들이 더욱 힘들어질 것이다.

'내가 없으면 다른 사람들의 부담이 늘어난다'는 생각을 갖는 것도 어떤 의미에서는 바람직하다. 그렇다면 잠시 휴식을 취하는 동안 다른 사람들의 부담이 늘어난 만큼 누군가 휴식을 취할 때 앞장서서 부담을 지면 된다.

'내가 없으면 업무에 차질이 생길 거야.'

얼마나 대단한 결정권을 가지고 있는지는 모르지만, 만약 이 생각이 사실이라면 업무의 진행 방식에 문제가 있는 것이다. 일은 혼자서 하는 것이 아니기 때문에 자신에게 무슨 일이 생겼을 때 누군가가 대신할 수 있도록 항상 준비해둬야 한다.

어떤 경우라도 피곤을 무릅쓰고 무리해서 일하기보다는, 잠시 휴식을 취하면서 체력을 회복하는 것이 다른 사람의 부담을 덜 수 있는 방법이다. 일 때문에 병에 걸리면 그야말로 주객전도이다. 건강해야 작업이 효율적으로 진행되고 업무도 충실하게 수행할 수 있다.

96 :: 전략적 사고를 키우는 **업무의 기술**

업무 지시는 구체적으로 하라

　신입 사원은 일을 지시받는 쪽이니, 누구에게 일을 지시하는 일이 거의 없다. 그러므로 이 시기에 일을 지시받는 경험을 확실히 쌓아두는 것이 중요하다. 어떤 식으로 지시하면 자신이 원하는 대로 업무가 처리되어 돌아올까? 자신이 일을 지시받는 경험을 통해 지시하는 사람의 장점을 배워나가면 된다.

　예를 들어 복사를 시킬 때, "이거, 다섯 부만 복사해주세요."라고만 말하면, 복사물이 낱장으로 책상 위에 놓여 있을지도 모른다. 그런데 "회의 때 사용할 거니까 글자를 잘 맞춰서 다섯 부 정도 복사해주세요. 그리고 한 부씩 클립으로 고정해주시겠어요?"라고 말하면, 그대로 회의실에 가지고 갈 수 있는 상태가 되어 돌아올 것이다.

　예전에 상사가 복사를 시킨 적이 있다. 회의에 사용할 자료였다. 원본을 보니 글자 사이즈가 제각각인 데다 비뚤어지게 인쇄되어 있었다. 그래서 우선 글자 사이즈를 통일하려고 확대·축소 복사를 하고, 비뚤어진 부분은 바르게 인쇄되도록 했으며, 복사하기 전에는 복사기의 유리면을 깨끗이 닦았다. 그리고 가로쓰기 서류는 왼쪽 상단, 세로쓰기 서류는 오른쪽 상단을 클립으로 고정했다.

그 일을 계기로 상사는 신입이었던 내 이름을 기억하게 되었고, 나는 센스 있는 사원으로 평가받았다.

현재 업무를 지시하는 입장에서, 지금까지의 경험을 바탕으로 가능한 한 구체적으로 지시한다. 그렇게 하면 최소한 합격점을 줄 수 있을 만큼 업무가 처리되는 것은 물론, 대부분의 경우에는 기대 이상으로 처리해서 가져온다.

지시받는 입장에 있는 사람은 업무를 지시하는 사람이 구체적으로 무엇을 원하는지 모를 때가 많다. "본인이라면 어떻게 처리되기를 바랄지 생각해봐."라고 말해도 신입 사원은 잘 모를 수도 있다.

가능한 한 구체적으로 지시하면, 업무를 지시하는 사람이나 지시받는 사람이나 스트레스를 받지 않고 차질 없이 업무를 진행할 수 있다.

97 ::전략적 사고를 키우는 **업무의 기술**

팀명으로 팩스가 도착한 경우에는 전원에게 복사해서 건네라

　팀을 짜서 외부와 프로젝트를 진행하는 경우에는 종종 팀명으로 팩스나 서류를 보내오는 일이 있다. 또한 받는 사람이 여러 명인 경우도 있다.

　그런 서류를 받았다면 당신은 어떻게 하겠는가? 결정권을 가진 사람에게만 서류를 건넬 것인가?

　서류를 보낸 사람은 팀 전원이 가능한 한 빨리 읽기를 바라기 때문에 한 부만 보낸 것이다. 때문에 전원에게 복사해서 건네는 것이 당연하다.

　예전에 어떤 프로젝트 팀에게 팩스로 서류를 보낸 적이 있다. 굳이 팀명으로 보낸 것은 서류에 적힌 사항을 팀 전체가 공유하기를 바랐기 때문이다. 당연히 팀 전원이 읽었을 거라고 생각했다.

　그래서 다음 전체 회의 때 모두가 알고 있다는 전제하에 이야기를 진행했다. 그러나 쏟아지는 대부분의 질문이 그 서류에 적힌 사항에 관한 내용이었고, 서류 내용을 파악하면 할 필요가 없는 질문이었다.

　처음에는 한 사람만 이해하지 못하고 있다고 생각했지만, 결국 대부분이 이해하지 못하고 있음을 깨달았고, 그때서야 그 서류가 전원에게 건네지지 않았다는 사실을 알았다.

결국 그 자리에서 서류를 복사해서 전원에게 나누어주고, 서류에 적힌 내용을 설명하기 시작했다. 사실 사전에 팩스를 보낸 이유는 시간을 절약하기 위해서인데, 서류를 맨 처음 받은 사람이나 그 다음에 건네받은 사람이나 내 의도를 전혀 이해하지 못했다.

요즘은 서류를 이메일에 첨부해서 보내는 일도 많아졌다. 서류를 읽어야 하는 사람이 여러 명인 경우에는 단체 메일을 보낸다. 그러나 아직은 팩스로 보내는 일이 더 많다.

팀명으로 팩스가 도착한 경우, 맨 처음 받은 사람이 책임지고 복사해서 전원에게 건네야 한다.

신입 사원은 상대방이 팀명으로 팩스나 서류를 보내는 의도를 잘 생각해 봐라.

:: 전략적 사고를 키우는 **업무의 기술**

업무는 마감 시간을 계산해서 척척 진행하라

모든 업무에는 마감이 있다. 그렇다고 마감 시간까지 아슬아슬하게 끝낼 것이 아니라, 마감보다 빨리 작업을 마치고 확인 후에 제출해야 한다. 그것이 실수를 최소한으로 줄이는 방법이다.

이때 작업을 효율적으로 진행하려면 마감 시간과 확인 작업 시간을 계산해서, 언제까지 무엇을 하고 그 후에 어떻게 진행할지 첫 단계에서 일정을 짜는 것이 좋다.

단, 일정은 갑자기 변경될 수 있기 때문에 유연하게 대처할 수 있도록 여유를 가지고 진행해야 한다.

일정 계산이 끝났다면 바로 작업에 들어간다. 작업이 효율적으로 진행되어 시간이 남는 경우도 있을 것이다. 그때 '오늘 작업은 끝났으니까 남은 시간은 적당히 보내자.' 라고 생각하면 안 된다.

오늘 작업이 빨리 끝났다고 해서 다음 작업도 빨리 끝난다는 보장은 없다. 예정보다 시간이 걸릴 수도 있다. 그런 경우를 대비해서 남은 시간에는 다음 작업을 진행해야 한다. 그렇다고 무슨 일이든지 가능한 한 빨리 끝내려고 예정보다 더 빨리 진행하고, 그것 때문에 야근까지 할 필요는 없다. 시간이 남았다고 해서 적당히 시간을 보내서는 안 된다.

예를 들어 모든 작업이 예정보다 빨리 진행되어 정해진 마감 시간보다 사흘 먼저 끝났다고 하자. 작업이 빨리 끝났다고 화를 내는 사람이 있을까? 민폐라고 생각하는 사람이 있을까?

작업이 빨리 끝나면, 다음 업무가 주어질지도 모른다. 빠르고 정확하게 업무를 처리하면, 당연히 높은 평가를 받게 된다. 그러나 적당히 시간을 보내고 있으면, 주변 사람들이 금방 눈치챈다. 이미 예전에 작업이 끝났다는 사실을 뻔히 아는데도 마감 직전에 제출한다면, 아무리 정확하게 처리했다고 해도 평가는 거기서 그치고 만다.

'시간은 돈이다.' 시간을 적당히 때우지 말고 의미 있게 보내라.

처음에 정한 일정에서 지켜야 할 것은 마감뿐이다. 마감을 지키려면 완벽한 일정을 짜고 매일매일 철저하게 체크하라!

99 :: 전략적 사고를 키우는 **업무의 기술**

업무 시간이나 회의 중에는 휴대폰을 매너모드로 설정하라

거의 모든 사람이 휴대폰을 가지고 다니게 되면서, 휴대폰은 중요한 비즈니스 도구가 되었다. 휴대폰이 없다고 해서 일을 할 수 없는 것은 아니지만, 아무래도 휴대폰이 있는 게 일하기 쉬운 것은 사실이다.

그러나 휴대폰이 보급될수록 매너를 지키지 않는 사람도 많아졌다. 휴대폰을 가진 사람이 극소수에 불과하던 시절에는 매너 자체가 정립되어 있지 않아서 어느 정도의 매너 위반은 크게 문제 삼지 않고 넘어갔다. 그러나 대부분의 사람이 휴대폰을 가지고 다니면서 누구나 '민폐'라고 느끼는 행위에 대한 공통 인식이 생기고, 자연스럽게 매너가 정립되기 시작했다.

안타깝게도 최근에는 만원 지하철 안이나 휴대폰 사용을 금지하는 공공장소에서도 쉴 새 없이 휴대폰 벨소리가 들린다. 많은 사람이 취향에 맞추어 다양한 벨소리를 설정했기 때문에 분위기에 맞지 않는 음악이나 노랫소리가 들리는 경우도 있다.

얼마 전 지인의 기일에 절을 방문했다. 법회(法會, 죽은 이를 위하여 재를 올리는 일-역주)가 한참 진행되고 있는데 갑자기 뒤쪽에서 '겨울연가' 주제곡이 크게 울리기 시작했다.

휴대폰 주인은 당황하며 가방을 뒤졌지만, 당황하면 할수록 작은 휴대폰을 발견하기는 쉽지 않다. 스님은 못 들은 척 계속 경문을 읽었지만, 신경이 쓰인다는 표정을 지었다.

절에서 휴대폰 벨소리가 울리는 것은 단순히 매너 문제로 넘기기에는 너무나도 어처구니없는 일이지만, 업무 시간이나 회의 중에 휴대폰 벨소리가 울리는 일은 지금도 심심찮게 발생한다.

최소한 매너모드로 설정해서 다른 사람의 집중력을 흐트러뜨리는 일은 피하라. 특히 회의 중에는 급한 용건이 없는 한 부재중 기능을 이용하라. 휴대폰 액정 화면을 보면 어디서 걸려온 전화인지 확인할 수 있고, 급한 일인지 아닌지는 번호를 보면 알 수 있을 것이다. 최소한의 매너조차 지키지 않으면, 회사에서 휴대폰의 사용을 '금지'할지도 모른다.

회의 시간은
상사보다 먼저 가서 기다려라

"그럼, 회의를 시작할까……. 응? 오야마가 없잖아?"

"과장님, 화장실에 있을 겁니다……."

"뭐! 또! 오야마는 회의 때마다 늦는군……."

"아, 죄송합니다……. 그래도 늦지 않아서 다행이다……."

"뭐! 늦지 않아서 다행이라고? 벌써 10분이나 지나지 않았나! 도대체 정신을 어디다 놓고 다니는 거야! 회의 때마다 상사나 선배를 기다리게 하면서 미안한 마음도 안 드나?"

"죄송합니다……. 예전에는 일찍 왔었는데……."

"신입이라면 누구보다 먼저 와서 기다려야 하는 것 아닌가! 만날 사람들을 기다리게 하고, 실례를 해도 정도가 있지!"

이것은 실제로 있던 일이고, 또한 종종 있는 일이기도 하다.

이상하게도 회의에 늦는 사람은 다른 회의에도 늦는다. 정신이 없는 건지 '회의 자체가 오래 걸리니까 조금 늦더라도 봐주지 않을까.'라고 생각하는 건지, 어쨌든 주변의 평가는 계속 나빠질 것이다. 이유를 불문하고 회의에 늦는 것은 큰 죄다. 늦게 온 만큼 나머지 참가자들의 소중한 시간을 빼앗기 때문이다. 특히 근무 시간에는 자신의 시간뿐만 아니라 다른 사람의 시간을 1분 1초라도 낭비하면 안 된다.

예를 들어, 회의 참가자가 열 명이라고 하자. 각각의 월급을 계산해서 참가자의 평균 시급을 3,000원이라고 하면, 1분당 50원이다. 이때 한 사람이 10분 늦게 도착한 경우, 50원×10분×열 명=5,000원. 즉 5,000원의 손실이다. 매년 약 50번의 회의가 있고, 참가자 중 누군가가 10분 늦게 도착한 경우에는 5,000원×50번=25만 원. 따라서 1년 동안 그 부서에서만 25만 원의 손실을 내는 셈이다. 만약 그 회사에 100개의 부서가 있고 각 부서에서 누군가가 계속 늦는다면, 매년 2,500만 원의 손실을 낸다는 결론이다.

만약 내가 근무하던 국제 회계·경영 컨설팅 회사나 변호사 사무소 등 시간당 3만 원~10만 원을 받는 프로가 회의에 참가했다면, 최소한 그 열 배, 즉 매년 2억 5,000만 원의 손실이다. 정말 어마어마한 금액이라고 생각하지 않는가?

맺음말

"왜 나는 이렇게도 운이 없을까……."

이렇게 한탄하는 이야기를 종종 듣는다.

그런데 과연 그것이 사실일까? 잘 생각해보라.

우선 이곳에서 태어난 것 자체가 운이 좋다고 생각하지 않는가? 이라크 같이 전쟁이 끊이지 않는 나라에서 태어났다면, 이미 폭탄을 맞고 죽었을 지도 모른다. 아직 살아 있다고 해도 손발이 잘린 채 겨우 숨만 쉬면서 살아가고 있을지도 모른다. 학교에 다니는 것은 고사하고 제대로 된 음식조차 먹지 못하면서, 하루하루 힘들게 살아가고 있을 것이다.

다행히도 우리는 아무리 집이 가난하고 능력이 없어도 다양한 선택권을 가지고 있으며, 노력 여부에 따라 얼마든지 성공할 가능성이 있다. 가난한 나라, 전쟁을 하는 나라의 국민은 상상조차 할 수 없는 일이다. 어떤가? 이제 운이 좋다는 생각이 들지 않는가? 당신의 노력에 따라 다양한 길이 열릴 것이다.

꿈을 이루려고 노력할 때, 대부분은 그 꿈을 실현할 가능성이 충분하다. 본문에서 에이브러햄 링컨은 일곱 번 넘게 선거에서 떨어졌지만, 마지막까지 포기하지 않았기에 대통령이 되었다는 사실을 소개했다. 또한 커넬 샌더스도 몇 번이나 사업에 실패했지만 결코 포기하지 않았다. 그리고 예순다섯 살 때 프라이드 치킨 사업을 시작했다. 그것이 바로 세계 최초의 프랜차이즈 비즈니스이자 세계 최대의 패스트푸드 레스토랑인 '켄터키 프라이드 치킨'의 시초였다. 만약 그가 '나에게는 운이 없는 것 같다'고 판단해서 도중에 사업을 포기했다면, 샌더스가 '패스트푸드의 신'으로 불리는 일은 없었을 것이다.

젊은 시절에는 대부분이 경험과 지식, 노하우, 신용, 인맥 등 사회생활을 하는 데 필요한 것을 가지고 있지 않다. 그러나 의욕과 정직, 체력, 우직, 융통성, 겸허한 마음 등 다른 중요한 것을 가지고 있다. 일에서 평가받기 위해서는 이것만으로도 충분하다. 여기에 한 가지 더하면, 사회와 회사 조직에서 당연히 지켜야 할 기술을 배우고 실천하는 것이다. 이 책은 그 기술을 정리해놓은 것이다. 단 한 명이라도 당연히 지켜야 할 업무 기술을 배우고 실천한다면, 저자로서 그 이상 기쁜 일은 없을 것이다.

하마구치 나오타

지은이 | 하마구치 나오타

주식회사 JCI 대표이사 회장 겸 사장. 텍사스 대학(University of Texas System) 경영대학원에서 MBA 취득. 와튼스쿨(Wharton School) 박사과정에서 재무, 국제경영을 전공하는 동시에 동 대학원에서 강의를 맡고 있다. 미 KPMG 피트 마윅(Peat Marwick), 미 프라이스워터하우스(Pricewaterhouse)를 거쳐, 미국에서 경영·창업 컨설팅회사를 설립. 그 후 도쿄에 국제비즈니스·경영 컨설팅회사 '주식회사 JCI'를 설립하고 대표이사에 취임. 외국계 벤처캐피털(VC)의 매니징 디렉터를 거쳐, 미국과 일본의 VC, 수십 개 벤처기업의 임원을 겸임. 미국, 일본, 아시아를 중심으로 종합적인 국제비즈니스·경영(창업) 컨설턴트, 국제 벤처캐피털리스트로 활동 중. 저서로는 《CFO 최고재무책임자》, 《MBA에서 배울 수 없는 승리하는 경영의 본질》 등이 있다.

옮긴이 | 강민정

서울여자대학교 국문과 졸업. 한국외국어대학교 통번역대학원 한일과 졸업.
현재 엔터스코리아 일본어 전문 번역가로 활동 중이다.
역서로는 《지속 가능한 그린 투어리즘》, 《미국인의 절반은 뉴욕이 어디에 있는지 모른다》 등이 있다.